KB189292

교회됨이란 무엇인가

## 교회됨이란 무엇인가

2015년 6월 5일 초판 인쇄
2015년 6월 10일 초판 발행

**지은이** 문시영 ㅣ **펴낸이** 이찬규 ㅣ **펴낸곳** 북코리아
**등록번호** 제03-01240호 ㅣ **전화** 02-704-7840 ㅣ **팩스** 02-704-7848
**이메일** sunhaksa@korea.com ㅣ **홈페이지** www.북코리아.kr
**주소** 462-807 경기도 성남시 중원구 사기막골로 45번길 14
　　　우림라이온스밸리2차 A동 1007호
**ISBN** 978-89-6324-430-3(03230)

값 7,000원

교회비판을 넘어, 교회됨으로 개혁하라

# 교회됨이란
# 무엇인가

문시영 지음

북코리아

　이 책을 다 읽고 난 후에, '다 아는 이야기네?'라는 생각이
든다면, 둘 중 하나일 듯싶습니다. 제가 하우어워스의 문제
의식을 바르게 소개하지 못한 탓일 가능성이 높습니다. 혹
은 어려운 용어들을 동원한 신학이론이어야 새로운 그 무엇
(something new)이리라 생각하는 선입견 탓일 수 있습니다.

　제가 보기에, '다 아는 이야기'를 적실성 있게 풀어내주는
것 역시 중요한 능력의 하나입니다. 하우어워스는 우리가
평소에 지니고 있던, '다 아는 이야기'를 제대로 풀어낸 듯
싶습니다.

　이 책은 '교회론'의 뉴-버전이 아닙니다. '되어야 할 교회'
의 윤리를 성찰하고 있습니다. 다 아는 이야기, 너무도 기초
적인 이야기, '교회됨'을 구현하지 못하고 있는 우리의 모습
에 대한 자성을 말하고 있다는 점을 유의해주시기 바랍니

다. 그리고 시민적 최소도덕조차 지키지 못하고 있는 현실에 대한 자정의지 또한 바탕에 깔고 있습니다. 이 책에 '교회됨이 절실한 시대를 위해 빛'이 될 수 있으면 좋겠다는 작은 소망을 담아봅니다. 다 읽고 난 후에, 생각해 보세요.

'주께서 원하시는 교회는
시민이 원하는 교회 그 이상이다'

'복음대로 사는 것,
그것만큼 중요한 것은 없으며
그것만큼 어려운 것도 없다'

긍휼은 심판을 이기고(약2:13)

# 목차

# 1

# 교회됨이
# 최우선이다

---

교회의 최우선 책무는 교회 그 자체가 되는 것이다.

- Stanley Hauerwas
*A Community of Character*

교회는 교회 그 자체로 존재 이유를 지니고 있다.

- Stanley Hauerwas
*Resident Aliens*

---

- 왜, 『교회됨』인가?
- 교회됨이어야 한다!
- 시민이 원하는 교회가 주께서 원하시는 교회인 것은 아니다

**함께 읽을 책**

## 왜, 「교회됨」인가?

'교회됨'이라는 표현에는 사연이 담겨있습니다. 제가 무척이나 존경하는 어느 원로목사님의 표현에서 힌트를 얻은 것이라고 해야 하겠습니다. 목회자 세미나에서, 저를 포함한 후배 목사들이 교회부흥의 비결을 질문 드렸을 때, 원로목사님께서 들려주신 답은 "교회가 교회되면 교회는 부흥하게 되어있다"라는 것이었습니다.

'이러이러한 프로그램을 적용하면 부흥한다'라고 하시거나 '어떠어떠한 이벤트를 잘 하면 사람이 몰려든다'라고 하시는 것이 아니어서 다들 실망스러워 했습니다. 원로목사님의 이 대답이 당시로서는 딱히 수긍이 가는 '비법전수'는 아니라고들 느꼈던 것 같습니다.

최소한, 교회부흥을 위해서 추가로 어떤 분야를 더 배워야 하고 어떤 프로그램을 교회에 적용하면 된다는 정도의 가이드를 주실 줄 알았던 목회자들로서는 아쉬움이 남는 순간이었습니다. 원로목사님께서 주신 답은 마치 언어유희를 하시는 것처럼 들렸을지도 모릅니다.

하지만, 시간을 두고 생각해보니 그것만큼 정확한 답도 없더군요. 교회의 본질 혹은 정체성에 대해 생각해 보면 틀림없는 말씀이었습니다. 교회는 시민단체도 아니고, 지역사회복지관도 아니고, 문화센터 혹은 사회교육원도 아닌, '교회' 그 자체인 것은 너무도 분명합니다.

그러니까, 진정으로 부흥하기를 원한다면 교회가 교회되어야 하는 것 아니겠습니까? 교회에는 교회의 존재 이유와 고유한 목적이 있다는 점에서, 그날 원로목사님께서 주신 답은 '명답'임에 틀림없습니다.

몇 년이 지나서 저에게는 하우어워스(Stanley Hauerwas)라는 기독교윤리학자의 난해한 책 한 권이 들려져 있었습니다. *A Community of Character*. 그 책의 제목이었습니다. 내용도 쉽지 않았고, 영어 자체가 하이클래스 표현이었고 반어법이 자주 사용된 책이었습니다.

우여곡절 끝에 발버둥을 치면서 읽고 또 읽어서 번역을 했습니다. 심지어 하우어워스 교수를 찾아 미국으로 날아갔습니다. 노스캐롤라이나 듀크대학교 연구실에서 만난 노(老)교수는 자신의 논문과 여러 글을 모아 놓은 어려운 책을 번역하느라 고생한다는 말을 해주더군요.

마침내, 번역을 마치고 원고를 넘겼습니다. 시력이 많이 상할 정도로 힘겨운 작업이었습니다. 그렇다고 완벽한 번역이 된 것도 아니라서, 부끄럽기도 하고요. 어쨌든, 출판사에서 번역본을 받고 제게 묻더군요. "교수님, 책 제목은 어떻게 하실 건가요?" 아무 고민 없이, "'성품의 공동체' 아닙니까?"라고 답을 준 다음부터 고민이 되기 시작했습니다.

직역하면 '성품의 공동체'가 맞지만, 너무 건조해 보이고 도전적인 제목은 아니었습니다. 마침, 어느 후배 교수가 '교회됨'을 제안하더군요. 처음에는 너무 거리가 멀어보였습니다. 하지만, 쉽게 지워지지 않는 제목인 것도 사실이었습니다.

그 순간에 떠오른 것이, 원로목사님의 대답이었습니다. 원로목사님께서 사용하셨던 그 표현, "교회가 교회되면 부흥한다. 교회로 교회되게 하라". 그 뜻이 하우어워스의 책에 담겨있었습니다. '교회의 최우선 과제는 교회됨이다.' 망설임 없이 결정했습니다. 'A Community of Character'라는 책이 『교회됨』으로 출판된 사연입니다.

이 자리를 빌어 원로목사님께 감사와 존경의 인사도 올려봅니다. 통찰을 주신 점에 대해서 말입니다. 두고두고 생각해 보면, 『교회됨』이라는 제목으로 번역하게 된 점, 영광스러운 일입니다. '성품의 공동체'가 잘못된 번역인 것은 분명

아닙니다만, '교회됨'이 핵심을 제대로 짚어낸 것일 듯싶어서 말입니다. 혹은 그런 기대를 담고 있는 셈입니다. 무엇보다도, 이 땅의 교회들이 진정한 의미에서 교회됨을 구현할 수 있기를 바라는 간절함이 담겨 있습니다.


### 교회됨이어야 한다!

흔히들, '교회의 위기'를 말하면서 '윤리'를 문제 삼는 경우가 많습니다. 한국 교회의 위기는 윤리의 위기에서 비롯된 것이라는 생각인 셈입니다.

목회자의 부도덕, 그리스도인들의 도덕적 문제, 혹은 교회가 사회를 섬기지 않는 교회이기주의를 말하게 되는 경우가 여기에 해당하겠습니다. 안타깝고 부끄러운 일이지만, 틀림없습니다. 교회의 위기도 그렇고 윤리의 위기 또한 분명합니다.

그렇다면 어떻게 해야 할까요? 교회의 위기라고, 교회에 더 이상 희망이 없다고, 목회자들이 문제라고, 도덕적 타락이라고 비난하고 정죄하고 심판하는 것이 최선일까요? 윤리를 개혁해야 한다구요? 백번 맞는 말씀이요, 명답입니다.

문제는 이것입니다. '교회의 윤리개혁, 어떤 기준에 의한 어떤 개혁이어야 하는가?'

사실, 우리들은 교회와 윤리를 연결 지으면서 '이것을 해라, 저것은 하지 마라'라는 식으로 생각하기 쉽지요. 으레 그렇습니다. 윤리 혹은 도덕이라는 것은 권장사항을 실천하고 금지사항을 지키는 것이라고 생각하는 것 말입니다. 혹시라도, 윤리라고 하면 도덕적 의무사항을 가르치는 것이 전부라고 생각하시는 건가요?

그것이 전부인 것은 아닙니다. 목회자의 부도덕과 비양심적이고 탐욕적인 모습들이 부끄러운 것은 사실이지만, 그것에 대한 비난과 정죄와 심판으로 이루어진 시스템이 도덕의 전부라고 말할 수 없다는 뜻입니다. 어쩌면, 그것은 '최소도덕'에 관한 것이라고 해야 할 듯싶네요.

최소도덕은 그리스도인과 시민을 가릴 것 없이 모두에게 필요하고 공유되어야 하는 것이 마땅합니다. 오늘의 안타까움은 그리스도인이 시민의 최소도덕조차도 지키지 못하는 현실 때문에 시민적 비난과 소환을 당하는 데서 비롯된 것이라 할 수 있겠습니다.

시민으로서의 최소도덕을 갖추는 것은 목회자의 특별한

책무라기보다 모든 시민에게 요구되는 기본사항 아닐까요? 그렇게 보면, 최소도덕조차 실천하지 못하는 저 자신과 우리의 모습이 부끄럽기 짝이 없네요. 깊은 자성과 변화의 노력이 필요합니다.

꼭 생각해 보아야 할 것이 있습니다. '교회의 윤리개혁', 그것은 교회의 구성원들이 최소도덕에 대한 인식을 가지고 모범적으로 실천하면 되는 것일까요? 필요한 부분임에는 틀림없지만, 그것이 윤리개혁의 전부인 것은 아닙니다.

최소도덕을 기본으로 삼고, 그리스도인의 고유한 비전과 그에 따른 윤리에 대해 생각해야 하는 것 아닐까요? 정작 우리는 최소도덕조차 지키지 못하는 부끄러움 때문에 그리스도인의 윤리에 대한 생각을 놓치고 있는 것은 아닐까요?

교회됨을 말하려는 가장 중요한 이유가 여기에 있습니다. 그리스도인다운 그리스도인이 되는 것, 교회다운 교회가 되는 것에 대해 깊은 성찰이 필요하다는 뜻입니다.

놓치지 말아야 할 것은 이것입니다. 교회의 본질 혹은 교회의 정체성에 대한 성찰, 그리고 그 정체성에 걸맞는 교회의 구현, 이런 생각들이 '교회됨'에 담겨있는 핵심적인 문제의식이라 하겠습니다.

그렇다면, '교회론'인 것일까요? 그렇지 않습니다. '교회됨'을 영어로 쓰면, 'being church' 혹은 'to be the church' 정도 되겠습니다. 교회됨이란 교회의 당위, 즉 '되어야 할 교회'에 대한 성찰이라 하겠습니다. 있는 그대로의 교회, 현실의 교회를 다루려는 것이 아니라, 마땅히 되어야 할 교회를 생각하려는 것이지요.

교회의 윤리개혁이란 다름 아닌, 교회의 당위에 대한 성찰인 셈입니다. 이러한 뜻에서, 『교회됨』?'은 『교회됨』!'으로 이어져야 할 것 같습니다. '교회됨이란 무엇인가?'의 질문은 '교회됨이어야 한다'라는 결단으로 전환되어야 한다는 뜻입니다.


### 시민이 원하는 교회가
### 주께서 원하시는 교회인 것은 아니다

교회됨을 절실하게 말하는 이유는 너무도 분명합니다. 교회되지 못하고 있는 교회의 현실 때문입니다. 교회다운 교회, 교회의 본질에 충실한 교회, 그것보다 더 중요한 것이 있을까요?

하우어워스가 말한 것처럼, 교회의 존재 이유에 충실한 교회가 되는 것만큼 절실하고 급선무인 것도 없습니다. '교회의 최우선 과제는 교회됨이다.' 여기에서 교회의 최우선 과제로서의 교회됨, 그것을 위해 생각해 보아야 할 것이 있습니다. 교회됨의 기준에 관한 것 말입니다.

이렇게 생각해보면 어떨까요? 시민사회의 합리적 발전을 거부하거나 혐오할 사람은 없을 겁니다. 시민사회의 발전과 성숙은 모두에게 유익한 일이라고 할 수 있습니다. 그렇다고 해서, 교회까지도 시민의 기준에 맞게 고쳐야 하는 것일까요? 그것이 교회의 윤리개혁일까요?

과격해 보일 수 있는 한마디를 과감하게 적어봅니다. '시민이 원하는 교회가 주께서 원하시는 교회인 것은 아니다.' 지나친 표현일까요? 얼핏 보기에는 시민사회의 가치를 오해하는 것으로 보일 수 있다는 것, 저도 잘 압니다.

제가 드리고 싶은 말씀을 앞뒤 문맥 전체로 살펴보시고 판단해 주셨으면 좋겠습니다. 다시 한 번 말씀 드립니다만, 교회로서는 시민사회로부터 배워야 할 것도 있고, 시민사회에 참여하고 기여해야 할 것도 있습니다. 그렇게 할 수 있다면 정말 좋겠습니다.

문제는, 시민사회가 교회를 소환하고 있는 우리의 현실입니다. 윤리적으로 문제가 많다고, 시민적 최소도덕도 구현하지 못한다고 말입니다. 교회를 향한 시민의 소환장이 너무도 부끄러워서 쥐구멍이라도 찾고 싶은 심정입니다. 최소도덕 그 이상을 보여주어야 할 교회가 어쩌다 이렇게 되었는지, 안타까울 따름입니다.

더구나, 교회가 시민사회의 지탄을 받는 정도를 넘어 폐를 끼치고 있다는 지적도 겸허하게 들어야 할 '쓴소리'임에 틀림없습니다. 시민사회가 교회를 그렇게 보고 있다는 점, 그리고 안티-기독교 분위기까지 겹쳐서 교회를 향해 싸늘한 눈길을 보내고 있다는 점은 무척이나 부담스러운 일입니다.

그렇지만, 시민적 소환에 대응한다는 명분으로 교회를 시민적 기준을 따라 뜯어 고치는 것이 교회의 윤리적 개혁이라고 말하는 것에는 동의할 수 없습니다. 교회의 개혁에는 교회 고유의 가치와 기준이 적용되어야 합니다.

시민사회의 발전과 성숙이 중요하고 교회가 그 일에 기여해야 하는 것은 분명한 사실이지만, 어떻게 기여하고 관여할 것인가 하는 점에 대해서는 생각해 볼 여지가 있습니다.

교회의 윤리개혁에는 최소도덕을 준수하는 것, 그 이상의 무엇이 포함되어야 하는 것 아닐까요?

이쯤에서, 하우어워스의 글 한 줄을 인용해야 하겠습니다. '교회가 교회되면 시민사회가 본받게 될 것이다.' 시민사회를 향하여 거부감을 가지는 것이 아니라, 교회됨을 통해 시민사회를 이끌어줄 수 있어야 한다는 뜻으로 해석하고 싶습니다.

가장 중요한 것은 교회의 시민화를 위한 모색이 아니라 교회의 교회됨을 위해 고민해야 한다는 사실입니다. 교회의 본질, 교회다움, 교회의 정체성에 근거한 교회됨을 통해서 말입니다.

교회의 윤리개혁이 필요한 것은 분명하지만, 그것은 시민의 기준에 맞추어 교회를 변화시키는 것이라고 단정 지을 수 없습니다. 오히려, 주께서 원하시는 교회되는 것, 그것이야말로 교회됨이 추구하는 핵심가치라고 하겠습니다.

**긍휼은 심판을 이기고(약3:12)**

# 2

# 초대교회의 윤리로
# 돌아가라

'윤리'라는 칸트적 구분이 없던 초대교회에서는 '예수는
누구이신가?'에 주목했고 '제자도'에 주목했다. 예수의 증
인됨이 중요했고, 박해가 닥쳐왔을 때 '순교'는 증인됨의
표현이었다.

- Stanley Hauerwas
*The Blackwell Companion to Christian Ethics*

- 초대교회로 돌아가라!
- 칸트 이전의 윤리로?
- 교회됨에 집중하라

**함께 읽을 책**

## 초대교회로 돌아가라!

교회됨이 최우선의 과제라는 것, 그 자체로 중요한 가치가 있습니다. 사실, 그 생각을 가지는 것만으로도 충분합니다. 교회의 정체성, 교회의 본질에 대한 절실한 문제의식을 가지는 것 자체가 어려운 시대라는 점에서 말입니다.

왜, 교회됨을 말해야 하는가에 대해서 의구심이 든다면 스스로 되돌아보아야 할 듯싶네요. 솔직히, 우리들 대부분이 교회됨이 절실하다는 점을 생각하고 있지는 않은가요? '적어도 내 목회, 우리 교회만큼은 문제가 없을 것'이라고 확신하고 있는 것은 아닌가요? 다른 교회들이 문제요, 다른 목회자들이 수준미달이라는 식으로 생각해 버리기 쉽지요. 깊이 생각해 볼 문제입니다.

'교회됨'보다 어떤 이벤트를 해야 할지 그것이 더 관심거리일 수 있지요. 교회가 해야 할 많은 일들이 눈앞에 있을 뿐, 교회됨 그 자체에 대해서는 거의 생각해보지 않았던 것이 대부분일 듯싶군요. 그것이 오늘의 교회가 직면한 현실이자 위기인 것은 아닐까요?

교회의 교회됨을 외면한 채, 여전히 무엇인가 새로운 프로그램과 일거리를 교회에 적용하는 데 몰두하고 있는 자화

상, 정말 안타깝습니다. 이 부분에서, 교회됨의 중요성은 더욱 커집니다. 교회됨을 최우선 과제로 상정하는 노력이 절실하다는 뜻입니다.

한 가지, 생각해야 할 것이 있습니다. 교회됨이 절실한 최우선의 과제라고 한다면, 교회됨의 기준은 무엇인가요? 시민이 요구하는 교회, 소통하는 교회, 섬기는 교회, 지역사회와 어울리는 교회, 또한 무엇보다도, 욕 안 먹는 교회. 대개 이러한 기준들을 생각하기 쉽겠습니다.

그리고 이러한 교회상을 구현하기 위해 특정한 신학자 누구의 어떤 개념, 누구의 새로운 이론 등등에 관심하게 되는 것이 일반적이겠지요. 이제까지의 윤리적 모색이 그러한 경향이었습니다.

놀랍게도, 이 부분에서 하우어워스는 (자신을 포함하여) 특정 신학자의 특정한 이론이 교회됨을 위한 윤리의 기준일 수 없다고 강조합니다. 하우어워스에 따르면, 교회됨을 위한 기준은 뭔가 굉장한 것, 새로운 무엇(something new)이 아닙니다. '초대교회로 돌아가라', 이것이 기준입니다. 아주 중요한 통찰인 듯싶네요.

라인홀드 니버가 개인윤리와 사회윤리를 구분해야 한다

고 말하면서 '기독교현실주의'를 제창하고 스택하우스가 교회의 공공성과 공적 신앙의 구현을 강조하면서 '공공신학'을 말했던 것 그 자체로 의의가 있겠습니다. 이에 못지않게, 하우어워스가 교회됨의 절실함을 강조하면서 초대교회로 돌아가기를 강조한 것 역시 중요한 가치가 있음을 놓쳐서는 안 됩니다.

소박해 보이고, 새로울 것도 없는 이야기라고요? 맞습니다. 하지만, 그것보다 더 중요한 것이 있을까요? 생각해 보면, 종교개혁자들이 꿈꾸던 교회 역시 새로운 그 무엇이 아니었습니다. 초대교회로 돌아가는 것이었습니다. 그것은 지독한 보수전통의 무조건적 고수 내지는 과거회귀가 아니라 본질회복의 추구였습니다.

초대교회로 돌아가는 것에서 교회됨의 윤리를 말한다는 것은 무척이나 큰 의의를 지닙니다. 초대교회에서 구현되었던 모습을 회복해야 한다는 것이요, 그것이야말로 교회됨을 위한 중요한 단초가 된다는 사실을 확인해주는 것이기 때문입니다.

## 칸트 이전의 윤리로?

교회됨을 위해, 초대교회로 돌아가라고 말한 것이 그렇게도 중요하냐고요? 하우어워스는 이것을 '칸트 이전의 윤리로 돌아가라'로 표현합니다. '칸트 이전의 윤리'라는 것은 대단히 중요한 의미가 있습니다.

대부분, 우리가 지닌 도덕과 윤리의 기준은 아시아의 가치관을 배경으로 한 것이지만, 동시에 칸트적 사고방식에 친숙한 것이라 말할 수 있겠습니다. 이성적 기초를 지닌 보편적 도덕을 실천하는 시민의 모습, 그것은 우리시대에 요구되는 도덕적 이상임에 틀림없습니다.

칸트가 계몽주의시대를 배경으로 실천이성의 중요성을 강조한 것은 학문적으로 아주 중요한 계기였습니다. 보편적 입법자의 관점에서 합리적 실천을 추구해야 한다는 칸트의 생각은 오늘날 시민사회를 위한 매우 중요한 자산으로 자리를 잡았습니다.

그렇다면, 왜 칸트 이전을 말하는 것일까요? 오늘의 윤리 개념에 비추어 본다면, 칸트 이전의 시대에 속하는 초대교회는 윤리라는 것 자체가 전혀 없었던 것일까요? 그렇지 않지요. 분명히, 초대교회에 고유한 윤리가 있었을 겁니다. 다만, 그것을 우리가 익숙한 칸트의 관념으로 속단하여 말해서는 안 됩니다. 오히려, 초대교회가 추구했던 교회와 윤리는 무엇이었는지 살펴보는 관심이 필요합니다.

칸트 이전의 윤리를 말하는 것은 기독교윤리의 본질을 회복하라는 윤리적 개혁의 요구입니다. 이제까지의 기독교윤리가 교회만의 독특한 정체성을 보여주는 일에 소홀히 해온 것이 문제라는 생각이 하우어워스의 핵심입니다.

칸트의 윤리개념에 젖어있는 탓에, '그리스도인 됨'의 가치와 윤리를 구현하기보다 시민적 최소윤리에 충실한 것만으로 윤리가 완성된다는 생각에 문제를 제기한 셈입니다. 하우어워스는 질문합니다. 기독교윤리가 칸트의 관점에 따라 하나의 분과 학문으로 정리되기 이전, 과연 어떤 모습이었을까?

이 질문은, 종교개혁자들이 제기한 질문과 닮아있습니다. 교권이 확립되어 현세까지도 지배하는 권력으로 자리 잡은 교회, 그 이전의 교회는 어떤 모습이었을까? 두 질문 모두 동일한 대상을 염두에 두고 있습니다. '초대교회'입니다.

하우어워스의 질문을 다른 말로 구체화시켜 표현하면, 이렇게 됩니다. 칸트의 영향을 받아 본격적으로 분리된 '윤리'

라는 분과구분이 없었던 때, 그리스도인들은 과연 어떤 방식으로 자신들의 삶과 행위의 문제를 규정했을까? 좀 더 좁혀서 말한다면, '기독교윤리'라는 이름의 근대적 학문이 생겨나기 전에는 그리스도인의 정체성과 그에 합당한 삶과 행위의 문제를 어떻게 설명했을까?

초대교회에서는 구체적으로 '무엇을 해라'하고 의무를 부과하기보다 존재의 변화를 추구했다고 하겠습니다. 그리스도인다운 그리스도인으로 변화되라고 강조했습니다. 세상의 기준에 따르는 도덕을 넘어서, 주께서 원하시는 그리스도인이 되라는 뜻이었을 겁니다.

칸트가 말하는 이성적 실천기준과 의무사항을 강조하는 것은 아니었을 것입니다. 예배와 성찬을 통해 그리스도의 말씀을 깨닫고 복음에 충실한 그리스도인이 되기를 힘쓰며 종말론적 소망을 강조하는 것 자체가 초대교회의 윤리였을 것입니다.

'윤리'라는 분과 구분이 없었던 초대교회에서는 무엇보다도 '예수는 누구이신가?'에 주목했고 예배의 성경읽기에서도 이러한 관점에서 '제자도'에 주목했을 것입니다. 이 시기에는 예수의 증인됨이 중요했고, 박해가 다가왔을 때 '순교'

는 증인됨을 표현하는 통로였습니다. 교회됨의 윤리가 주목하는 것이 바로 이것입니다. 복음에 충실한 교회, 복음대로 살아가는 윤리, 그것을 회복해야 한다는 뜻입니다.


### 교회됨에 집중하라

교회됨을 말하면서, 초대교회의 윤리로 돌아가라고 하는데는 분명한 이유가 있습니다. 교회의 본질 혹은 정체성에 집중하라는 뜻입니다.

'교회로 교회되게 하라!' 이것보다 더 중요한 것이 있겠습니까? 교회가 교회되면, 주께서 기뻐하실 것 아니겠습니까? 그것이야말로, 그리스도인에게 가장 중요한 가치를 실천하는 것 아닐까요?

혹은, '교회됨에 집중하라!' 이렇게 풀어서 말해볼 수 있겠습니다. 교회의 모든 일은 교회의존적이어야 합니다. 교회를 별도로 제쳐두고 윤리를 말하거나 선교를 논하는 것은 문제가 있다는 뜻입니다.

물론, 이견을 말하실 수 있겠습니다. 하지만, 적어도 우리가 다루고 있는 교회됨의 윤리에서는, 그리고 하우어워스의 관점에서는 교회보다 더 중요한 것은 없습니다.

예를 들어, 윤리학자들 중에는 교회와 윤리를 분리시키는 경우들이 있습니다. 특정한 신학자들의 관점과 그들 사이의 학술적 논쟁에 관심을 기울이는 것 자체는 기독교윤리의 독자성을 확보하고 학문적 발전을 추구하는 과정에서 결코 소홀히 할 수 없는 일입니다.

하지만, 이 과정에서 유의해야 할 것이 있습니다. 교회를 가볍게 여기거나 교회와 분리된 별도의 주제로서 윤리를 말하는 것은 중요한 것을 놓치는 결과가 됩니다.

교회의 교회됨을 강조하는 것은 무엇보다도 우리의 관심을 교회 안으로 향하게 합니다. 혹은 교회에 집중하게 합니다. 사실, 교회와 윤리는 별개일 수 없습니다. 초대교회에서, 이어지는 교부시대에서, 교회는 그리스도인 됨을 위한 근간이었습니다.

예를 들어볼까요? '어거스틴'이라고 영어식으로 표기되는 경우가 더 많은, 아우구스티누스의 경우가 그렇습니다. 아우구스티누스에게서 교회는 하나님의 도성(civitas dei)을 향한 순례의 공동체이며 예배와 덕성함양의 공동체였습니다.

하우어워스에 따르면, 아우구스티누스의 『신국론』은 중요한 강조점을 지니고 있습니다. ① 그리스도인은 덕의 사람이 되어야 하며, ② 덕이란 카리타스(caritas)의 사랑이어야 하고, ③ 사랑이란 하나님께서 우리에게 은혜로 주시는 것이요, ④ 사랑의 질서가 필요하며 사회의 질서 역시 여기에서 연유한다는 것입니다.

그리고 ⑤ 하나님의 백성으로서의 교회는 결코 권력에 종속되어서는 안 되고, ⑥ 결함과 실수에도 불구하고 교회만이 진정한 공동체임을 알아야 한다는 것이 요점입니다.

아우구스티누스의 생각은 중세의 거장 아퀴나스에게 이어졌습니다. 그리고 그리스도인들이란 예수 내러티브에 기초한 윤리를 지닌 자들이라는 점은 지속적으로 유지되었습니다.

종교개혁자들이 윤리를 교회와 분리될 수 있는 학문으로 간주한 것처럼 과도한 해석자들이 나타나기도 했습니다만, 루터나 칼뱅이 교회와 윤리를 분리시킨 것은 아니었습니다. 종교개혁자들은 교회를 개혁하는 과정에서 윤리의 중요성을 놓치지 않고 기독교의 본래적인 것(inherent)에 속한다고 생각했습니다.

요점은 이것입니다. 윤리란 그리스도인들로 하여금 예수

그리스도의 증인됨을 실현할 수 있도록 돕는 학문이어야 하고, 그 기반은 교회여야 한다는 것이지요. 신학이 교회와 분리된 사변적 이론이어서는 안 된다는 뜻도 담겨있습니다.

한 마디로, 교회에 집중해야 한다는 것이 초대교회로 돌아가야 한다는 말과 연결되는 셈입니다. 교회다운 교회됨을 위한 절실함을 가져야 한다는 뜻입니다.

하우어워스는 말합니다. '기초로 돌아가야 한다'는 겁니다. '교회의 최우선 과제는 교회됨'이라고 말하는 이유가 이것입니다. 실제로, 하우어워스는 『교회됨』의 첫 장에서 자신의 문제제기가 루터의 95개조 반박문에 견줄 만한 일임을 암시합니다. 교회됨을 기독교윤리의 핵심으로 복권해야 한다는 문제의식인 셈입니다.

**긍휼은 심판을 이기고(약3:12)**

# 3

# 복음의 증인 되는 것,
# 그리스도인의 윤리이자
# 교회됨의 근간이다

'덕스러운' 사람이 되어야 한다. 단지 덕스러운 사람 되는
것이 아니라 십자가에 못 박히신 구세주의 이야기를 기억
하고 말하는 것이 필수요소가 되는 덕의 사람이 되어야
한다.

– Stanley Hauerwas
*The Peaceable Kingdom*

- 복음으로 만족할 수 없다?
- 복음의 증인되는 것, 그것이 그리스도인의 윤리이다
- 교회됨, 예수 내러티브에 충실함에서 시작된다

**함께 읽을 책**

## 복음으로 만족할 수 없다?

오늘의 교회에서 가장 크게 문제 삼아야 하는 것은, 이벤트와 프로그램이 교회의 주된 관심사가 되어버린 점입니다. 복음으로 시작해서 복음 안에 만족하며 행복해야 하건만, 복음 이외의 것에 대해 관심이 지나친 현상들이기 때문입니다.

생각해 보세요. 여러 프로그램을 시행하고 다양한 이벤트를 전개하는 과정에서, 복음 그 자체보다 행사에 만족하게 되는 안타까운 경우는 과연 없을까요?

더구나, 교회의 직분을 얻기 위한 헌신을 두고 뭐라 할 것까지는 없겠지만, 자칫 핀트가 어긋날 수 있음을 유의할 필요가 있습니다. 복음에 대한 신실함을 놓치기 쉽다는 점에서 말입니다. 직분을 위한 경쟁이 벌어지고 집착하는 상황이 나타나게 된다면, 문제가 아닐 수 없습니다. 주신 은혜에 대한 응답으로서, 복음에 대한 신실한 헌신으로서의 섬김이 변질되지 않도록 항상 경계할 필요가 있는 듯싶네요.

특히, 교회에서의 헌신과 섬김이 하나의 '운동'으로 전락되지 않도록 해야 하겠지요. 이것을 '믿음운동'이라고 이름붙일 수 있겠습니다. '운동'이라는 말을 쓰는 것은, 자기확신

혹은 자기발전적 헌신과 복음에 대한 은혜중심의 응답을 구분해야 한다는 뜻입니다.

혹은 번영과 성공에 대한 생각도 문제일 수 있겠습니다. 번영의 복음, 즉 출세하고 성공하며 번영하기 위한 신앙생활에 대해 깊은 자성이 필요해 보입니다. 대개는, 기복신앙이라고 말하기도 하지요.

문제는, 복을 받으려는 마음 그 자체가 잘못된 것이라기보다 복음을 내가 생각하는 복에 끼워 맞춰버리는 경향입니다. 이렇게 하면, 복음이 왜곡되고 변질될 것이라는 점은 두말할 필요도 없겠습니다.

중요한 것은 복음에 대한 생각입니다. 복음으로 만족할 수 없다면, 그것보다 더 큰 위험은 없습니다. 복음에서 출발하여 복음 이외의 다른 것에 관심하게 된다면, 이것은 문제가 아닐 수 없겠지요.

프로그램과 이벤트에 관심하고 직분을 비롯한 대가를 목적으로 삼는 과정에서 복음은 어디론가 사라져 버린다면, 정말 중요한 것을 놓치는 어리석음을 낳게 되는 것이 아닐까요? 안타깝게도 교회성장을 위한 것이라는 명분으로 시행되는 이벤트 혹은 프로그램이 복음을 대신할 수는 없음을 우리는 종종 간과하고 있는 것 같습니다.

특히, 복음 없는 설교보다 더 비극적인 것은 없습니다. 설교자의 개인소견이나 기복을 위한 메시지가 복음을 대신해서는 안 되는 것 아니겠습니까? 게다가 다음 세대를 위한 교회교육이 특정한 틀에 맞추기에 급급한 나머지, 복음으로부터 빗나가고 있는 것은 아닌지 진솔한 성찰과 개선이 필요해 보입니다.

여러 이유들이 있을 것 같습니다. 이를 테면, 복음을 중심으로 해야 한다는 것 자체가 너무도 당연하다는 생각도 그 중 하나입니다. 적어도 나는 복음에서 벗어나지 않았다는 생각도 마찬가지입니다.

결코 놓쳐서는 안 될 것이 있습니다. 복음 그 자체에 충성된 신앙, 복음 안에서 행복한 신앙인, 그리고 복음을 위해 기꺼이 헌신할 수 있는 사람이 될 수 있다면, 그것이 가장 위대한 신앙의 길 아닐까요?

## 복음의 증인되는 것, 그것이 그리스도인의 윤리다

초대교회의 윤리로 돌아가라고 한 것이 바로 이 점에서

중요합니다. 복음의 재발견을 강조하는 셈입니다. 하우어워스에 대한 평가 중에, 성경의 권위를 복권했다는 것이 있습니다.

물론, 이에 대한 반론도 없지는 않으나, 아주 중요한 평가일 듯싶습니다. 특히, 복음의 중요성에 주목하게 했다는 점에서, 하우어워스가 말하는 교회됨의 특징과 가치가 분명하게 드러난다고 하겠습니다.

그리스도인의 도덕은 선량한 시민이 되는 것에 그치지 않고, 복음의 증인이 되는 것이라 할 수 있습니다. 하우어워스가 보기에, 초대교회에서 가장 중요한 것은 복음의 증인이 되는 것이었습니다. 심지어, 복음 때문에 순교했습니다. 순교는 증인됨을 위한 극치였다고 할 수 있겠지요.

복음의 증인이 된다는 것에는 중요한 의미가 있습니다. 복음을 삶의 중심에 두고 복음을 전하는 사람으로 살아가는 것, 그리고 복음에 합당하게 복음대로 살아가는 것을 뜻하기 때문입니다.

솔직히, 복음대로 살아가는 복음의 증인되는 것보다 중요한 것도 없고, 그것만큼 어려운 것도 없을 듯싶습니다. 복음 안에서 살아가기에는 너무도 많은 위기와 도전이 도사리고 있기 때문이지요. 어찌 보면, 복음대로 살지 못하게 하는 요소들이 더 많은 것 같습니다. 그래서 더 중요한 것 같습니다. 복음대로 사는 것, 복음의 증인이 되는 것 말입니다.

앞에서도 말했지만, 우리들 대부분은 시민적 최소도덕과 그리스도인 됨의 차이를 무시하는 경향이 있습니다. 오늘의 교회가 시민들로부터 지탄을 받는 가장 큰 이유가 윤리적 문제들이라는 사실을 우리는 잘 알고 있습니다. 억울하다고 변명을 늘어놓기보다는 철저한 변화가 필요해 보이는 대목입니다.

시민사회 속에서, 시민으로서 지켜야 할 최소도덕을 지켜야 하는 것은 당연합니다. 그것조차 지키지 못한다는 이유 때문에, 교회가 시민의 욕을 먹고 있는 것 아니겠습니까?

하지만, 그것이 전부는 아닙니다. 그리스도인은 시민적 최소도덕은 물론이고 그 이상의 윤리를 실천해야 마땅합니다. 하우어워스는 이것을 '그리스도인다운 그리스도인 됨'이라고 표현했습니다.

여기에서, 그리스도인다운 그리스도인이 된다는 것은 시민적 칭송을 받는 혹은 적어도 욕은 얻어먹지 않는 도덕성을 넘어섭니다. 그리스도인의 윤리는 시민적 최소도덕을 넘어서, 절대가치로서의 복음과 직결되어야 합니다.

하우어워스의 윤리를 '내러티브 윤리'라고도 합니다. 인간을 내러티브의 존재라고 말한 맥킨타이어의 관점과 연관이 있지요. 하우어워스가 성경을 '이야기' 혹은 '내러티브'로 설명하는 관점에 주목할 필요가 있겠습니다.

특히 명심해야 할 것은 내러티브 그 자체가 아니라, 내러티브의 종류에 관심해야 한다는 겁니다. 예수 내러티브로서의 복음, 그것이야말로 그리스도인다운 그리스도인의 핵심입니다.

바라건대, 하우어워스의 제안을 통해 '복음을 성품화하는' 노력이 많아졌으면 좋겠습니다. 일상언어에서 '몸에 밴 친절'이라는 표현을 볼 수 있듯이, 예수 이야기를 가진 그리스도인들이 '몸에 밴 복음'의 사람이 되어야 할 듯싶군요.

복음의 증인이 되는 것이야말로 오늘의 그리스도인들이 실천해야 할 가장 중요한 과제입니다. 그것부터, 아니 그것이야말로 그리스도인이 반드시 실천해야 할 과제라는 점을 강조하고 싶습니다.

## 교회됨, 예수 내러티브에 충실함에서 시작된다

예수 내러티브로서의 복음, 이것이야말로 교회의 교회됨을 위한 요건입니다. 복음이야말로, 교회의 교회됨을 위한 조건이라는 뜻입니다. 하우어워스에 따르면, 그리스도인들의 가장 중요한 사회적 책무는 성경에서 발견하는 하나님의 이야기에 충실한 공동체가 되는 것이라 하겠습니다.

여기에서, 하나님 이야기 혹은 예수 이야기란 다름 아닌 복음을 의미합니다. 교회란 성경의 이야기대로 살고 있는지를 지속적으로 검증하고 검증받는 공동체라는 것이지요. 하우어워스의 이러한 제안에는 두 가지 측면이 담겨 있습니다. 하나는 교회됨의 본질에 관한 것이고, 다른 하나는 교회됨의 윤리에 관한 것입니다.

먼저, '교회됨의 본질'에 관해 생각해 봅시다. 하우어워스에게서 복음은 교회의 핵심이자 본질입니다. 그에 따르면, 예수 이야기가 없다면 교회일 수 없습니다. 예수 내러티브에 대한 하우어워스의 관심은 각별합니다. 그는 '예수 이야기(Jesus narrative)', '하나님의 이야기(story of God)'로서의 복음에 주목합니다.

하우어워스에 따르면, 복음은 그리스도인에게 존재방식

을 부여하는 이야기로서, 우리를 변화시키고 세계를 변화시킵니다. 하우어워스가 예수에게 사회윤리가 있었고 사회윤리를 위한 함의를 지니고 계셨기에 예수 이야기가 하나의 사회윤리라고 말했던 것도 이러한 뜻입니다.

그에 따르면, 교회는 이스라엘과 예수 그리스도를 부르시고 보내신 하나님의 이야기의 가치를 오랜 세월 실천적으로 공유해온 공동체입니다. 교회는 예수 이야기로 형성됩니다. 예수 이야기는 예수의 삶의 형식에 상응하는 공동체를 형성시킵니다.

복음이 교회의 필수조건인 셈입니다. 복음이 결여된 교회는 종교기관일 수 있을지 모르나 진정한 의미의 교회일 수 없을 것입니다. 그리스도인들은 십자가에 못 박힌 구세주 이야기를 기억하고 전하기 위한 덕을 지닌 자들로서, 교회는 십자가에서 보여주신 '평화'를 구현하는 공동체가 되어야 한다는 뜻으로 요약할 수 있겠습니다.

다른 하나는 '교회됨의 윤리'입니다. 교회됨을 위한 당위 말입니다. 두말할 필요도 없이, 교회의 본질을 구현해야 하는 것이겠지요. 하우어워스가 말하는 교회는 현실에 있는 특정한 교회나 교단이라기보다 구현해야 할 교회, 즉 '되어야 할 교회'입니다. 특정한 교회를 비난하는 일 혹은 치켜세우는 작업보다 교회의 교회됨 그 자체에 주목해야 한다는 점이 중요하다는 뜻입니다.

사실, 하우어워스의 소속교단, 출석교회, 신학적 훈련의 배경과 경력 등을 따지기 시작하면, 그를 둘러싼 신학적 논쟁들은 복잡해질 수 있습니다. 그런 류의 질문이 무의미하다는 뜻이 아닙니다. '되어야 할 교회' 즉 '교회됨'에 관한 그의 문제의식, 예수 이야기로 표현되는 성경에 대한 그의 관심에 대한 바른 평가가 필요하다는 뜻입니다.

하우어워스가 말하는 교회됨의 당위란, 예수 이야기를 구현하고 복음의 증인이 되는 공동체로 거듭나야 한다는 뜻으로 요약할 수 있겠습니다. 하우어워스가 보기에, 이야기란 단지 듣는 것만으로는 알 수 없고 그 이야기대로 살아간 사람들을 본받고자 할 때 비로소 이해될 수 있습니다.

제자들의 경우를 생각해 보세요. 제자들과 초대교회 그리스도인들이 그랬던 것처럼, 그리스도인은 예수 이야기를 우리 자신의 것으로 삼아야 하며, 우리 각자가 복음에 충실한 존재가 되어야 한다는 뜻입니다.

요점은 이것입니다. 복음의 공동체로서의 교회의 재인식

이 절실하다는 점, 그리고 교회가 시민적 비판에 직면하여 자기방어에 급급해 하는 소극적 태도에서 벗어나 '복음에 합당한 삶'의 모습을 보여주는 진정한 의미의 덕의 공동체가 되어 시민사회의 대안 혹은 대조모델로 자리매김해야 한다는 점입니다.

**긍휼은 심판을 이기고(약2:13)**

# 4

# 교회,
# 복음대로 살게 하는
# 덕의 학교가 되라

교회는 예수 내러티브대로 살게 하는 '덕의 학교', '성품의
공동체'가 되어야 한다. (…) 우리가 질문해야 하는 것은
이것이다. '교회는 성경의 내러티브를 삶의 중심으로 삼는
공동체가 되고 있는가?'

- Stanley Hauerwas
*A Community of Character*

- 복음을 재발견하라
- 복음을 성품화하라
- 복음의 공동체가 되라

**함께 읽을 책**

## 복음을 재발견하라

노래방 문화가 일반화된 것 같습니다. 노래방 문화가 윤리적인 것이냐를 본격적으로 따져 물으려는 것은 아닙니다. 한 가지 생각나는 일이 있어서 노래방 이야기를 꺼냈습니다. '반주기'에 관한 이야기입니다.

노래방에 적용되면 노래방 기계가 되는 것이고 교회에서 사용하면 찬송가 반주기가 되죠. 작동원리는 똑같으니까요. 교회에서 반주기가 위력을 발휘하는 경우가 있습니다. 반주자가 없는 개척교회나 모임의 규모에 관계없이 반주자가 없는 모임에서도 반주기는 요긴하게 쓰일 수 있지요.

문제는, 반주기가 사람을 배려하지 않는다는 점입니다. 기계적으로 정확하게 음표와 박자에 따라 연주할 뿐이지요. 어떤 경우에는 반주기가 틀린 것인지 혹은 찬송을 부르는 사람들이 박자를 놓친 것인지 헷갈리기도 합니다. 정말 피도 눈물도 없지요.

기계적인 반주에 맞추어야 하는 모습이 안쓰러워 보인다는 뜻이 아니라, 생각해 볼 부분이 있다는 이야기입니다. 반주기와 찬송하는 사람들 사이에 미묘한 신경전이 벌어지는 경우, 회중들이 악보를 제대로 못 보는 것이라고 말하기는 무리일 듯싶네요.

생각해 봅니다. 만일 하나님의 율법이 숨 막히는 강요사항이라면, 그것도 100% 완벽하게 퍼펙트게임을 해야만 하는 것이라면, 과연 몇이나 구원받을 수 있을까요? 솔직히, 저 자신은 구원의 길에 들어서지 못할 것이 분명합니다.

의지가 약하기도 하고 때로는 진실하지 못한 경우도 많고 율법의 요구와 규정들을 잊어버리기도 하지요. 심판적 율법의 잣대로 하자면 저 자신부터 하나님 앞에 설 수 없을 것 같습니다.

생각나는 일이 하나 더 있습니다. 교직원 성지순례를 인솔했을 때였던 것 같습니다. 안식일에 층별 버튼을 누르는 것 자체가 노동이라는 생각인 것 같더군요. 그래서 아예 엘리베이터 조작 버튼에 빨간 색으로 'Sabbath Control'이라고 표시해 두었더군요. 이걸 눌러 놓으면, 자동으로 매 층마다 정지했다가 자동으로 열리고 닫히는 과정이 반복되는 것을 볼 수 있었습니다.

참, 굉장한 사람들입니다. 무척이나 열심히 율법을 지키는 사람들이지요. 어려서부터 그런 문화 속에서 자라났다면 그리 큰 문제는 아닐 수 있겠지만, 그 상징성과 정신에 감탄하면서도 너무 답답해졌습니다. 율법에 대한 생각 말입니다. '어떻게 이렇게까지 철저하게 율법적일까?' 하는 마음에 놀라움과 안타까움이 교차하는 순간이었습니다. 분명한 것은 우리들, 아니 저 자신은 율법의 요구에 완벽하게 응답해서 구원받은 것이 아니라 오직 주의 은혜로 구원받았다는 사실입니다.

유대인들의 율법적 삶의 정신을 무시해서가 아닙니다. 우리의 구원이 너무나 감사하다는 뜻입니다. 마치 찬송가 반주기가 기계적으로 정확하게 작동하는 과정에서 회중의 호흡이나 반응을 전혀 수용하지 않는 것처럼, 주께서 우리를 완벽한 율법의 잣대로 심판하신다면 저 자신은 구원받을 수 없는 존재임에 틀림없습니다.

교회됨의 첫걸음은 단연코 복음의 재발견입니다. 교회됨의 이상 역시 복음의 재발견입니다. 굳이 '재발견'이라고 말하는 것은, 우리에게 주어진 복음에 대한 바른 인식을 촉구하는 뜻이 담겨있습니다.

이렇게 말씀드리는 데에는 중요한 이유가 있습니다. 복음으로 만족하지 못하는 혹은 복음 이외의 이벤트와 프로그램에 집착하는 경향을 넘어서, 복음 그 자체를 재발견하는 것이 중요하다는 뜻이 되겠습니다.

## 복음을 성품화하라

복음을 재발견하는 것으로 그쳐서는 안 됩니다. 복음을
성품화해야 합니다. 복음대로 살아가야 한다는 뜻입니다.
이것을 하우어워스는 기독교 덕 윤리를 통해 접근합니다.
굳이 덕 윤리를 말하는 이유는 도덕의 초점을 특정한 행위
로부터 '배경'의 문제로 전환시켰다는 점을 주목하고 싶어
서입니다.

배경에 대한 관심을 다른 말로 하면, 이렇습니다. 의무의
윤리가 '행위(doing)'에 집중했다면, 덕 윤리는 '존재(being)'
에 관심합니다. 덕 윤리의 핵심을 '존재'가 '행위'에 우선한다
는 문장으로 정리할 수 있을 듯싶네요. 의무로서의 행위를
강조하기보다는 인격의 변화를 추구한다는 뜻이지요.

이러한 존재의 변화를 위한 덕목으로 하우어워스는 평화
를 정점으로 하여 소망, 사랑, 인내 등 성경의 덕목들을 포함
시키고 있습니다. 소망과 인내의 덕목들은 교회 이야기에서
중요한 의의를 지닙니다. 교회가 수행해야 할 모험은 소망

을 통해서만 지지될 수 있으며, 소망은 인내에 의해 훈련됩니다. 그리스도인의 소망은 종말론적인 것이기 때문입니다.

하지만, 이러한 덕목들을 구현한다고 해서 당장에 덕스러운 사람이 되는 것은 아니지요. '덕스러운 사람 됨(being a person of virtue)'이란 개별 덕목들과는 다른 차원에 속합니다. 그것은 인간의 자아 혹은 성품 및 인격의 문제와 관련된다고 볼 수 있겠습니다. '존재' 혹은 '행위의 배경'에 관심한다는 것은 성품과 인격의 변화와 관련되어 있습니다.

이렇게 보면, 교회됨의 윤리는 그리스도인다운 성품 혹은 복음의 성품화를 강조하는 윤리라고 하겠습니다. 이것을 하우어워스는 '성화'의 문제로 설명합니다. 성화와 덕 윤리를 연계시키려 했다는 점은 방향을 제대로 잡은 것이라고 하겠습니다. 기독교윤리의 특성을 확연하게 보여주는 요소들이 담겨있기 때문입니다.

예를 들어, 습관을 통해 '제2의 천성'을 얻는다고 보았던 아리스토텔레스와 토마스 아퀴나스의 관점에는 타당성과 함께 결함이 있습니다. 습관의 중요성을 강조한다는 점에서는 의미가 있지만, 성품과 덕이 스스로의 노력과 습관을 통해 함양될 수 있는 것이라는 생각은 교만에 빠지게 하기 쉽지요.

하지만, 우리는 겸손의 덕을 포함하여 인간의 덕성이 성취하는 것이 아니라 선물로 주어지는 것임을 잘 알고 있습니다. 우리의 성품이 우리의 몫이기는 하지만, 인간의 노력에 우선하여 은혜의 중요성을 강조하고 있는 셈입니다.

구체적인 예로, 하우어워스가 예수 내러티브의 성품화를 강조하면서 관심을 가졌던 '제자도'에 대해 생각해 봅시다. 제자도는 예수 내러티브의 성품화를 위한 중요한 통로입니다. 하우어워스에 따르면, 그리스도인은 예수 그리스도의 제자가 되고 예수 그리스도를 닮아감으로써 그리스도인다운 삶을 위한 성품, 습관, 그리고 행위의 방식들을 체득해야 합니다.

제자도의 중요성은 아무리 강조해도 지나치지 않습니다. 그것은 특정한 신학자의 관심사항이기를 넘어 예수 내러티브의 핵심입니다. 우리의 관심사와 연관지어 생각해보면 매우 중요한 의의를 지닙니다. 그리스도인됨을 위한 윤리, 교회됨을 위한 윤리에서 결코 빼놓을 수 없는 핵심 중의 핵심이요, 윤리적 실천방법론이기도 합니다.

사실, '제자도'에 관해서 자성할 일이 있는 것 같습니다.

제자훈련이 율법적이며 권위주의적인 것으로 변질될 위험성, 새로운 제사장 제도로 변질될 위험성, 지배적인 양육으로 인한 분열의 위험성이 있다는 지적이 있을 정도입니다.

그런가 하면, 제자훈련이라는 이름으로 평신도 리더를 양성하는 목회프로그램 정도로 간주하는 태도 역시 문제가 있어 보입니다. 과연 누구의 제자를 만들려는 것인지 심각한 의구심이 드는 경우도 없지 않습니다. 특정 목회자의 추종자를 육성하는 프로그램이 아니라, 그리스도의 제자가 되게 하는 노력이 필요하다는 뜻입니다.


## 복음의 공동체가 되라

복음을 재발견하고 복음을 성품화하는 과정에서 가장 중요한 것은 교회가 복음의 공동체가 되어야 한다는 데 있습니다. 교회는 그리스도인다운 덕성의 함양 과정에 나타날 수 있는 '자기 의(self-righteousness)'를 경계하고 성찰하게 해주는 공동체가 되어야 합니다. 말하자면, '복음의 성품화'를 위한 덕성의 훈련, 신앙의 강화, 윤리적 성숙을 추구하는 것이라 할 수 있겠습니다.

하우어워스가 교회됨을 덕 윤리의 맥락에서 강조하는 이유는 교회를 통한 기독교적 덕성의 함양, 특히 복음의 성품화를 교회됨을 인식해야 한다는 뜻으로 이해할 수 있겠습니다. 이처럼 교회를 강조하는 것은 예수께서 기독교 공동체를 위해 보여주신 모범들에 대한 내러티브를 교회가 지니고 있으며 교회야말로 참된 덕의 훈련장이라고 생각하기 때문입니다.

복음의 성품화를 위해 강조된 제자도에 있어서도 마찬가지입니다. 하우어워스는 제자도가 예수 내러티브의 공동체로서의 교회를 통해 훈련을 받아야 하는 것임을 강조합니다. 교회가 성품의 공동체 혹은 덕의 학교(school of virtue)여야 한다는 뜻입니다.

이것은 아마도 칼뱅이 교회를 일생 동안 다녀야 할 학교라고 말한 것과 일맥상통하는 부분일 듯싶습니다. 하우어워스가 말하려는 것은 교회가 예수 내러티브의 공동체여야 하며, 그리스도인들을 예수 내러티브에 충실한 그리스도인이 되게 하는 덕의 훈련장이 되어야 한다는 요구입니다.

제자도의 공동체적 맥락 혹은 교회적 맥락을 강조한다는 점은 무척이나 중요합니다. 제자가 된다는 것은 그리스도의 이야기를 공유한다는 것이요, 하나님의 통치하심에 순종하여 예수의 제자가 되도록 훈련을 받은 그리스도인의 공동경험에서 나오는 것이기 때문입니다. 제자도의 공동체적 맥락에 유의해야 함을 강조한 셈입니다.

한마디로, 교회는 본질적으로 공동체적이며 교회를 통해 산상수훈의 철저한 제자도를 구현해야 합니다. 제자가 된다는 것은 예수가 십자가를 순종하여 이루어내신 하나의 새로운 공동체, 새로운 정치의 구성원이 되는 것이라고 하겠습니다.

나아가, 제자됨의 공동체적 의의와 함께 삶의 변화를 추구하는 특징에 주목할 필요가 있습니다. 제자가 된다는 것은 그리스도의 이야기를 공유한다는 것이요, 하나님의 통치라는 실재에 참여하는 것이라 하겠습니다.

하우어워스가 제자도를 강조하는 것은 성화를 중심으로 교회를 통한 복음의 성품화를 추구함으로써 교회됨의 가능성을 말하고 싶었던 것이라 하겠습니다. 제자도는 이러한 덕 윤리의 실천을 위한 성화의 한 계기로서, '교회'라는 공동체적 맥락에서 훈련되고 실천되어야 한다는 점을 보여준 셈이지요.

이렇게 보면, 덕 윤리와 교회됨의 관계는 덕 윤리가 수단이고 교회됨이 목적이라고 말한다고 해도 지나친 것은 아닐 듯싶네요. 완곡하게 표현하자면, 덕 윤리를 통해 교회됨을 추구한다는 뜻인 동시에, 교회됨을 위한 성찰의 근간이 덕 윤리라는 점을 보여주는 대목일 듯싶습니다.

덕의 공동체 혹은 덕의 학교로서의 교회가 관심을 가져야 할 것은 기독교의 내러티브에 의한 자아의 변화라고 할 수 있겠습니다. 무엇보다도, 덕성의 함양은 개인의 몫이 아니라, 관계적이며 공동체적인 지평에서 가능하다는 점에서, 기독교에서는 복음의 성품화를 위한 장으로서의 교회인식이 요청됩니다.

교회가 그만큼 중요하다는 뜻입니다. 하우어워스가 제안한 것처럼, 개인의 덕성함양에 관해서만 아니라, 공동체적 차원의 덕성함양을 위한 맥락에서 교회를 인식하는 노력이 요청됩니다.

이제, 우리가 질문해야 할 것은 이것입니다. '과연 교회는 성경의 내러티브를 삶의 중심으로 삼는 공동체가 되고 있는가?' 여기에는 교회가 성경을 예배와 삶에 적용함으로써 성경의 권위를 세우는 공동체여야 한다는 문제의식이 작용하고 있습니다. 교회의 교회됨을 위해 반드시 짚어 보아야 할 사항일 듯싶습니다.

**긍휼은 심판을 이기고(약2:13)**

# 5

# 세상이 교회에
# 들어와 버렸다

교회가 현실정치에 관여해야 한다는 생각은 너무도 자주
복음의 이름으로 정치적 자유주의가 지닌 전제들을 아무
생각 없이 강화시켜 주곤 한다. (…) (이것은) 교회가 세상
과 결탁하는 것이요, 교회됨을 포기하는 것과 다르지 않으
며 성경적 신앙을 문화현상으로서의 종교로 변질시키고
말 것이다.

- Stanley Hauerwas
*A Community of Character*

- 세상이 교회에 들어오다
- 콘스탄틴 결탁을 끊으라
- 교회됨을 구현하라

**함께 읽을 책**

『교회됨』6장, '덕의 윤리를 회복하라'

『교회됨의 윤리』3장, '정체성을 회복하라'

『교회윤리』1장, '하우어워스의 교회윤리, 교회됨을 지향하다'

## 세상이 교회에 들어오다

세상의 빛이 되라 하셨건만, 어느 사이에 교회가 세상의 빛이 되기보다 세상이 교회 안에 들어와 버렸습니다. 세상의 문화와 가치관이 교회를 점령해버린 것 같습니다. 세상과 전혀 다를 것 없는 모습들을 교회 안에서 볼 때마다, 부끄러워집니다. 세상을 변화시켜야 하는데, 세상이 교회를 변화시키고 있다는 점에서 말입니다.

권위주의, 차별, 그리고 탐욕과 번영사상으로 복음이 왜곡되는 일들을 비롯하여 말할 수 없을 만큼 세상의 모든 모습이 교회 안에 그대로 나타나고 있습니다. 아마도 세상보다 더 심하면 심했지, 덜한 경우는 거의 없는 것 같습니다. 안타깝고 부끄럽기 짝이 없습니다.

가장 가슴 아픈 일은 폭력이 동원되고 예배를 방해하는 일들이 아무 거리낌도 없이 자행되고 있다는 사실입니다. 심지어 외부의 폭력을 빌려 교회를 점령하거나 분쟁을 힘으로 해결하려는 모습들도 나타나고 있습니다. 할 말을 잃을 정도로 부끄러운 마음이 들게 하는 악행임에 틀림없습니다.

보통의 경우, 교회지도자의 성적 일탈 내지는 사치와 금전관련 악행들을 가장 부도덕한 일이라고 비난하기 쉽습니다. 하지만, 교회에 폭력이 동원되거나 예배를 방해하는 것은 그 어떤 비난으로도 표현하기 어려운 일이며 결코 정당화될 수 없는 사건일 겁니다. 무척이나 안타깝고 마음 아픈 일이지요. 예배가 방해받고 중단되는 것은 아무리 양보해도 받아들이기 어려운 일이라는 생각도 듭니다.

이러저러한 악행들을 두고, 오죽하면, 세상이 교회에 대한 도덕선생을 자처하고 있습니다. 시민의 이름으로 교회를 비난하고 정죄하며 심판하는 모습들이 너무 많습니다. 매스컴의 시사고발 프로그램의 단골메뉴가 되고 말았습니다.

신기하게도, 교회문제를 폭로하는 것일수록 시청률이 상당하게 나온다고 하네요. 교회와 그리스도인 모두가 시민적 최소도덕조차 지키지 못하는, 집단이기주의에 빠진, 그리고 도덕성이라고는 찾아볼 수 없는 사람들로 내몰리고 있는 셈입니다.

교회가 '자정능력'을 상실해버린 집단이자, '시민사회의 천덕꾸러기'로 전락하고 있는 것은 아닌지 심각한 안타까움을 느끼게 됩니다. 이것을 두고, 세상이 교회에 들어와 버린 지경이라고 말하는 것을 지나친 표현이라고 할 수 없겠습니다. 세상의 빛이기는커녕, 세상의 가치와 문화가 교회를 점령해 버렸습니다. 아니, 교회와 그리스도인들이 세상의 가치를 분별없이 수용하고 마침내 그것에 휩쓸려버린 것이라고 말해야 옳겠습니다.

이것만 문제인 것은 아닙니다. 교회가 세상을 섬긴다는 명분으로 세상의 일들에 관심하는 것을 두고 뭐라 하기는 어렵지만, 어느새 교회의 정체성을 상실하고 자유주의 정치과 시장경제의 윤활유 역할을 해야만 하는 듯 착각하고 있는 것은 더 큰 문제입니다.

예를 들어, 복지에 관한 교회의 참여 그 자체는 좋은 일입니다. 섬김을 문제 삼자는 뜻이 아니지요. 섬김의 중요성을 강조하는 것은 좋은 일이지만, 섬김의 과정에서 교회로서의 정체성을 잃어버려서야 되겠습니까?

## 콘스탄틴 결탁을 끊으라

하우어워스의 표현대로 하자면, 세상이 교회에 들어와 버린 이 현상을 '콘스탄틴 결탁'이라고 할 수 있겠습니다. 잘 아시는 것처럼, 콘스탄티누스 황제는 기독교를 공인한 신앙의 사람이지요.

그것을 왜 문제 삼는 것일까요? 역사적으로, 4세기 콘스탄티누스가 이룩한 국가와 교회의 형식상의 일치는 교회가 제국의 보호를 받게 해 주었지만, 결과적으로 이것은 교회가 국가에 동화되고 결탁하여 신앙의 타락에 이르게 하고 말았다는 생각 때문입니다.

이러한 생각에는 맥킨타이어(Alasdair MacIntyre)와 요더(John. H. Yoder)를 비롯한 여러 영향이 복합적으로 작용하고 있습니다. 하우어워스가 자신에게 영향을 준 두 명의 진정한 거인들(two really big brain people)이라고 치켜세우는 이들의 영향은 하우어워스의 윤리에 삼투해 있습니다.

하우어워스는 맥킨타이어를 통해 교회에 대한 공동체주의적 이해 및 예수 내러티브의 중요성을 강조합니다. 그리고 요더의 통찰을 응용하여 십자가 정신으로서의 '평화'를 강조하고 있습니다.

맥킨타이어와 다른 점이 있다면, 하우어워스에게서 자유주의에 대한 비판은 기독교공동체 즉 교회의 윤리적 과제에 대한 성찰로 이어진다는 점입니다. 이 부분은 요더의 영향일 듯싶네요. 특히, 콘스탄틴주의에 대한 비판은 요더의 응용이라 할 수 있겠습니다.

요점은 이렇습니다. 기독교제국(Christendom)을 구현하려는 '콘스탄틴주의'의 유혹을 극복해야 한다는 요청입니다. 특히, 교회의 세상화 혹은 기독교신앙의 타협과 결탁을 경계하는 목소리라고 할 수 있겠습니다.

　이러한 주장의 배경에는 내심 미국의 교회들이 자유주의 정신에 동화되고 있다는 생각이 자리 잡고 있는 것 같습니다. 다른 말로 하자면, 오늘의 교회가 '자유주의' 정치에 동화되어 정체성을 상실했다는 점에 문제를 제기한 셈이지요.

　하우어워스에 따르면, 교회가 정부정책에 결탁하거나 사회개선의 전략을 제안하는 보조역할을 자임하는 것은 현대판 콘스탄틴주의일 뿐입니다. 하우어워스가 보기에, 그것은 교회의 정체성을 포기하는 것이요, 성경적 신앙을 변질시키는 것에 지나지 않습니다.

　사실, 대부분의 그리스도인은 기독교와 자유민주주의적 사회시스템이 어떻게든 연관되어 있다고 생각하기 쉽습니다. 하우어워스는 이러한 생각 자체가 문제라고 봅니다. 교회가 존재하는 목적은 국가에 협조하는 기관이 되거나 혹은 도움을 주는 전문가가 되는 것이 아니라, 교회 그 자체가 되는 것, 즉 교회됨을 통해 세상의 빛이 되어야 한다고 생각하기 때문입니다.

하우어워스가 보기에, 현대사회에서 교회도 자유주의의 강한 영향을 받고 있습니다. 그 결과, 교회는 어느덧 개별 신앙인들의 동의에 의해 그 멤버십이 결정되는 자발적인 단체의 하나로 전락하고 말았습니다. 더구나 구매자 시장(buyer's market)의 한복판에 던져져 있다는 점을 생각한다면, 자유주의 정치에 동화되는 것은 문제가 될 수 있겠습니다.

세상문화에 젖어 교회의 선택과 말씀에 대한 반응마저도 마치 마켓에서 물건 고르듯 신앙인들 개인의 몫이라는 생각을 문제삼은 것일 듯싶습니다. 그리고 자유주의적이고 자본주의적인 선택기준을 따라야 한다는 잘못된 생각들을 자성해야 할 것 같습니다.

이러한 뜻에서, 하우어워스는 현대적 의미의 콘스탄틴주의 즉 교회가 정치적 자유주의에 동화되어 버리는 위기로부터 교회를 구해내기 위해 '교회됨'에 주목해야 한다고 보았습니다. 자유주의 정치에 대한 교회의 '결탁' 혹은 '동화'에 관한 윤리적 자성(自省)을 통해 교회의 윤리적 자정(自淨)을 촉구한 것이라 하겠습니다.

바로 이것이 요점입니다. 교회가 자유주의적 시민사회에

동화되어 교회의 정체성을 상실하고 있다는 문제의식이 작용한 것이라 하겠습니다. 말하자면, 교회가 정치적 자유주의와 결탁하여 사회정책과 전략을 제공하는 일에 집착한 나머지, 교회의 본래적 정체성을 망각해서는 안 된다는 겁니다. 예수 내러티브에 충실해짐을 통해 교회됨을 구현하는 것이야말로 진정한 의미의 교회개혁의 길이라는 생각이지요.


## 교회됨을 구현하라

'교회로 교회되게' 혹은 '교회됨'을 강조하는 데에는 교회의 복음적 정체성 회복에 대한 기대가 담겨있다고 하겠습니다. 사실, 하우어워스에 대한 몇 가지 비판 중에서 '소종파적 퇴거의 위험'이라는 비판은 그의 관점을 정조준한 것이지만 과연 비판해야 할 일인지 성찰이 필요해 보이는 요소이기도 합니다.

쉽게 표현해서, 하우어워스의 교회관을 '자폐적'이라고들 비판합니다. 교회 안으로 들어가서 교회만 생각한다는 비판이지요. 교회가 사회와 소통하여 공공성을 구현하려 하기보다 교회 안에 대해서만 생각하고 있다는 비판이라고 하겠습

니다. 하지만, 그가 교회의 정체성에 대한 문제를 제기하려
했다는 점을 생각해보면 충분히 의의가 있어 보입니다.

하우어워스에게 주목하는 가장 큰 이유는 교회에 대한 그
의 진단법이 큰 통찰을 지니고 있기 때문입니다. 교회가 교
회되지 못하고 있다는 점, 교회를 교회되게 해야 한다는 점
은 무엇보다도 중요한 통찰이라 하겠습니다. 여기에는 교회
가 교회되지 못하게 하는 것들과 결탁됨으로써 교회 스스로
정체성을 상실했다는 문제의식이 작용하고 있는 듯싶네요.
세상이 교회 안에 들어와 버린 것 자체가 문제이며, 교회 스
스로 자초한 결과라는 뜻입니다.

그래서 생각해 봅니다. 소종파 논란보다 더 시급한 것은
시민사회와 교회와의 관계설정 자체인 것 같습니다. 예를
들어, 교회를 '시민화'하려는 전략은 어떤가요? 윤리적 개혁
이라는 명분으로 교회를 시사고발의 대상으로 삼는 것이 과
연 교회에 어느 정도나 도움이 될까요?

물론, 경각심을 불러일으킬 수는 있겠습니다만, 선정성과
시청률경쟁에 얽매인 매스컴이 교회의 교회됨을 담보해 줄
수 있을까요? 시민의 잣대로 교회직제 및 십일조 관행 등을
문제 삼기보다 복음에 충실하지 못함을 문제 삼고 교회됨

을 고민해야 하는 것이 아닐까요?

이쯤에서, '교회윤리'라는 별명을 가진 하우어워스의 윤리에는 그 자신의 요약처럼, 몇 가지 강조점이 있음을 기억할 필요가 있겠습니다. ① 그리스도인의 삶에서 덕의 중요성과 그 회복의 강조, ② 예수 내러티브를 통한 도덕의 이해와 그 윤리의 강조, ③ 복음에 충실한 덕의 사람을 육성하는 공동체로서의 교회의 중요성에 대한 강조, ④ 현실정치 참여보다 교회다운 교회가 되어 시민사회의 본이 되어야 한다는 관점, 그리고 ⑤ 십자가 정신에 대한 강조 및 비폭력 평화의 중요성에 대한 강조 등이 그것입니다.

그리고 이 모든 요점의 요점은, 두말할 필요도 없이 '교회 됨'입니다. 그가 말하는 콘스탄틴 결탁의 문제도 결국은 교회됨을 위한 전제일 뿐입니다. 교회됨의 구현이야말로 무엇보다 중요한 핵심입니다. 그것이야말로 교회의 존재 이유를 구현하는 것이며 주께서 원하시는 길이기 때문입니다.

세상이 교회에 들어와 버린 시대에, 하우어워스를 통해 교회됨을 고민할 수 있다면, 중요한 첫걸음을 내디딘 것이 아닐까요? 교회의 문제는 복음적이지 못함에 관한 것이며, 그것은 결국 복음적 정체성의 회복을 통해 극복해야 할 과제임을 깨닫는 것보다 더 중요한 것은 없을 듯싶네요. 교회의 교회됨을 위해서 반드시 구현해야 할 과제를 제시해준 셈입니다.

**긍휼은 심판을 이기고(약2:13)**

# 6

# 성공과 실패는
# 교회에 적합하지 않다

칸트처럼 정언명법에 따라 행위하는 것이 아니라, 제자가
되어 주(主)를 닮아가기를 배워가야 한다.

- Stanley Hauerwas
*The Blackwell Companion to Christian Ethics*

성공과 실패는 교회에 적합하지 않다. (…) '성공'이라는
용어를 쓰려면, 하나님의 백성을 하나님께 인도하는 일을
기준으로 평가되어야 한다.

- Stanley Hauerwas
*Resident Aliens*

- 교회에 들어온 '성공과 실패'
- 무엇이 성공이고 실패라는 것인가?
- 교회됨을 기준으로 삼아야

**함께 읽을 책**

## 교회에 들어온 '성공과 실패'

부끄러운 것도, 자랑스러운 것도 아니지만, 개인적으로 저희 아버님은 '실패한 목회자'로 분류되곤 합니다. 신의주에서 태어나 기독교신앙을 가졌고 '38따라지'로 남쪽에 내려와 6·25참전용사로 복무한 후, 신학을 공부하고 전도사로 30년 넘게 교회를 섬기셨지요.

특이한 것은 신앙의 자유를 찾아 남쪽으로 내려오면서 서원하신 그대로, 평생을 농촌교회 섬기는 일에 헌신하셨다는 점입니다. 게다가, 돌아가실 때까지도 일생을 전도사로 살아가신 분이라는 점입니다.

많이 힘겨웠고 어려웠습니다. 전쟁 이후 가난한 농촌교회를 섬기셨고 가족들에게 극한의 가난을 체험하게 하셨으며 강단에서 설교하시던 중 각혈을 하고 쓰러지신 목회의 모든 과정을 생각해 보면, 영락없는 '실패자'입니다. 적어도 오늘의 교회문화와 목회에 대한 평가기준을 적용한다면 말입니다.

솔직히, 성장기에는 많이 부끄러웠고 불편했습니다. 가난도 가난이려니와 농촌의 작은 교회들로만 옮겨 다니시던 모습이 너무도 싫었습니다. '도대체 무슨 저주를 받으셔서 이

꼴로 사시는 걸까?' 청소년 시절의 심각한 질문거리였습니다. 이 글을 쓰고 있는 시점에서 생각해 봅니다. 저야말로, 교회를 사랑할 수 없는 윤리학자로서 교회사랑의 윤리를 말하는 역설의 주인공인 셈입니다.

이렇게 생각해 보면 어떨까요? 한동안 '레드 오션'이니 '블루 오션'이니 하면서 틈새시장 혹은 경쟁하지 않는 영역에 대한 관심을 강조하던 때가 있었던 것을 기억하시는지요? 비즈니스의 새로운 영역을 찾아내고 남들이 관심하지 못했던 일들을 경영하는 것이 성공의 확률을 높일 수 있다는 이야기들이 오고갔던 것 말입니다.

사실, 경쟁이란 어디에나 있게 마련입니다. 심지어 자신과의 싸움이라고 말하는 경우도 있지 않습니까? 경쟁을 통해 품질이 향상되고 환경이 개선되기도 하는 것을 보면, 경쟁 그 자체를 꼭 나쁜 것이라고는 할 수 없는 것 아닐까 하는 생각이 들기도 합니다.

그러나 잘 생각해 보면, 경쟁 때문에 불행해지는 경우들도 생깁니다. 낙오자가 생기게 되고 탈락했다는 이유로 무너지는 경우들이 있는 것을 보면, 경쟁의 문제를 너무 단순하게 설명해서는 안 될 것 같습니다.

경쟁은 결국 성공과 실패에 대한 이야기로 이어질 수밖에 없겠습니다. 경쟁에서 살아남는 것 정도가 아니라, '최종적인 성공을 거두어 승리자가 될 것인가' 혹은 '실패하고 낙오할 것인가' 하는 구분이 생겨나게 되는 셈입니다. 게다가, 모두가 성공하는 것은 아니고, 성공의 그늘에 실패자들의 아픔이 남아있다는 것을 생각할 필요도 있지요.

서글픈 일입니다. 성공하는 사람들만 추앙받고 실패하는 사람들은 낙인찍는 현실 말입니다. 성공자에게는 경제적으로, 사회적으로 좋은 대가가 주어집니다. 그리고 실패자에게는 절망과 우울함이 남을 뿐입니다. 어느 개그맨의 대사처럼, '1등만 기억하는 사회'를 살아가는 우리 모두에게 성공과 실패는 심각한 표현인 것 같습니다.

문제는, 교회에서조차 성공과 실패가 중요한 것이 되고 있다는 사실입니다. 성공적인 교회, 성공한 목회자, 그리고 성공하지 못한 교회와 목회자를 구분하는 것은 과연 바른 일인가요?

세상이 교회에 들어와 버린 여러 현상들 중에서, 이것만큼 지독하고 해악이 되는 것은 없을 듯싶네요. 도대체 무엇이 성공적인 교회이고, 성공한 목회자의 기준은 또한 무엇

인가요? 아니, 누군가를 성공한 목회자로 부르는 것 자체가
타당할까요? 그리고 어느 특정한 교회를 성공한 교회라고
말하는 것이 과연 옳은 것일까요?


## 무엇이 성공이고 실패라는 것인가?

이 질문이 아마도 미국교회에서도 통용되는 것 같습니다.
하우어워스가 어느 목회자 모임에서, '성공과 실패는 목회에
적합하지 않은 말이다'라고 강연했던 것을 보면 말입니다.
그 문장을 읽었을 때, 저로서는 무척이나 인상이 깊었습니다.

하우어워스의 요지는 이렇습니다. 성공과 실패는 교회와
목회자를 평가하기에 적합하지 않은 말이지만, 굳이 성공과
실패를 말해야 한다면, 그것은 전혀 다른 기준이어야 한다
는 겁니다.

요점을 말하자면, '교회를 교회되게 하는 목회야말로 성
공한 것'이라는 취지였습니다. 이것을 '공동체적 맥락'이라
는 말로 풀이하면 효과적일 듯싶습니다.

하우어워스에 따르면, 교회는 예수 내러티브의 공동체이
며 교회됨은 이러한 공동체적 정체성을 바르게 구현하는 것

과 다르지 않습니다. 목회자 개인의 도덕성이 중요한 것은 분명한 사실이지만, 개인의 몫으로 그의 목회윤리를 평가해서는 안 된다는 뜻도 담겨 있습니다.

목회자 개인의 도덕성에 초점을 맞춰온 기존의 목회윤리가 목회자의 윤리적 성숙에 기여한 것은 사실입니다. 목회자 개인의 윤리적 성숙을 강조하고 그 과제들을 다루어온 노력은 그 자체로 큰 의의가 있지만, 정작 교회라고 하는 공동체적 맥락과 연관 지으려는 시도는 거의 없었던 듯싶네요.

기능상으로, 목회윤리는 목회자의 도덕성을 성찰하게 하며 전문직으로서의 책임을 일깨워주는 것인 동시에 목회자에게 치명적 영향을 주기도 합니다. 특히, 도덕성을 함양하려는 취지보다는 목회자를 몰아세우는 도구로 남용될 가능성이 적지 않습니다.

무엇보다도, 그것을 빌미로 목회사역 자체를 중단시킨 여러 사례들을 우리는 잘 알고 있습니다. 목회자로서의 책임감을 더욱 무겁게 느끼게 됩니다.

보통은 하나님께서 선한 성품의 사람에게만 목회의 소명을 주셨으리라 생각하지만, 트럴과 카더가 '그다지 선하지 않은 세상에서 선한 목회자 되기'라는 부제를 붙인 목회윤리에 관한 책을 보면 간단한 문제는 아닌 것이 분명해 보입니다. 여러 변화에 따라 목회윤리가 다양한 이슈들을 포함하게 되었고 심지어 목회자들의 윤리적 실패가 증가하고 있는 것이 사실입니다.

하우어워스의 이야기를 들어볼까요? '목회자'가 되는 것과 '도덕적 존재'가 되어야 한다는 것을 말과 마차의 관계인 듯 여기는 것은 옳지 않습니다. 목회자에게는 다른 사람보다 더 나은(more so) 도덕성이 필요하다는 생각만으로는 곤란하다는 겁니다. 목회윤리의 바른 인식을 위해 목회자 개인의 도덕성은 물론이고 공동체적 배경에 대한 이해가 필요하다는 취지입니다.


## 교회됨을 기준으로 삼아야

앞에서도 말한 것처럼, 성공과 실패, 그 자체가 교회와 목회자에게 적합하지 않은 것이라 하겠습니다. 그럼에도 불구하고 굳이 그 말을 써야 하겠다면, 예수 내러티브에 충실한 교회됨을 구현하고 있는가 하는 점을 기준으로 삼아야 한다는 것이 하우어워스의 요점입니다.

하우어워스의 관점에는 중요한 통찰이 담겨있습니다. '되어야 할 교회' 즉 예수 그리스도의 이야기에 의해 변화된 자들이 모임을 이루어가는 일에 집중해야 한다는 뜻입니다.

목회자의 정체성을 생각하게 해주는 표현 하나를 살펴볼까요? '성공적인 목회' 혹은 '목회에 성공했다'라는 말을 쓸 때, 그것은 예수 내러티브에 충실한 교회됨을 통하여 하나님의 백성을 하나님께 인도하는 일을 기준으로 평가되어야 할 듯싶습니다. 그것이 목회자의 공동체적 정체성이요, 교회의 교회됨을 위한 첩경이기 때문이지요.

하우어워스는 오늘의 목회가 그 중심을 상실한 채, 뒤죽박죽(hodgepodge)이 되어 버렸다고 안타까워하면서, '교회의 교회됨'을 목회의 중심에 두라고 합니다. 목회자의 지도력은 교회의 목적에 맞는 것일 때 그 중요성을 인정받아야 한다는 겁니다.

오해하지 말아야 할 것이 있습니다. 목회자의 도덕적 노력이 불필요하다는 뜻이 아닙니다. 목회자들에게 전문적인 특성과 능력도 필요하겠지만, 그들에게 가장 필요한 것은 교회의 본질적 요구에 부응할 수 있는 능력이라는 주장입니다.

여기에서, 교회의 요구에 부응한다는 것이 당회나 인사위

원회와 연봉계약을 맺은 고용인처럼 행세하라는 것이 아닙니다. 목회자가 교회의 본질적 요구에 부응할 수 있는 능력을 지녀야 한다는 것이요, 교회를 교회되게 하는 요구 즉 교회됨의 요구에 부응해야 한다는 뜻입니다. 하우어워스의 용어를 응용하면, 이렇게 표현할 수 있겠습니다. 목회자에게 요구되는 것은 목회사역을 감당할 수 있는 성품(character)의 사람이 되는 것이요, 예수 내러티브에 충실한 교회를 위한 목회자가 되어야 한다는 것이 핵심이라 하겠습니다.

말하자면, 목회사역을 섬기기에 적합한 성품(character)이란 목회자가 임직을 받은 직무의 특성(character)에 의해 결정되는 것이라 하겠습니다. 목회자가 안수를 받고 임직되는 것은 그 자체로 하나님과의 관계에서 조명되어야 할 거룩한 사건임에 틀림없습니다.

여기에서 유의해야 할 것이 있습니다. 목사로 임직하는 것 자체도 중요하지만, 목회자가 그 사역을 감당해야 할 공동체적 맥락으로서의 교회에 대한 관심 또한 무척이나 중요하다는 사실을 간과해서는 안 된다는 뜻입니다.

목회윤리란 안수와 임직의 순간에 '충만하게 덧입혀지는 것'이라기보다, 목회사역의 모든 과정을 통해 꾸준히 훈련되고 함양되어 성품화되어야 할 윤리적 과제이자 이상이라는 점, 그것을 기억해야 합니다. 이것은 목회자만 아니라 교회구성원 모두가 인식해야 할 과제입니다.

교회다움이 절실한 때, 목회자의 윤리와 그리스도인의 윤리는 과연 무엇이어야 하며 어느 수준까지 올라야 하는 것일까요? 목회자 개인의 윤리의식과 책임이 중요하다는 것은 두말할 필요도 없습니다.

하지만, 개인의 도덕성이 남들보다 조금 더 나은 수준에 그치는 것만으로 목회윤리의 모든 것이 구비되었다고 말할 수는 없습니다. 물론, 그 수준에 오르는 것 자체가 힘겨워 보이는 현상들이 여전한 것이 문제이기는 하지요. 그럼에도 불구하고, 목회윤리의 또 다른 측면, 즉 공동체적 지평을 간과해서는 안 됩니다.

무엇보다도, 바람직한 목회윤리의 구현을 위해 공동체적 지평을 인식해야 할 것 같습니다. 앞에서도 말했듯이, 교회공동체에 필요한 목회의 특성(character)과 목회자의 성품(character) 사이의 상호연관성에 주목해야 합니다.

하우어워스의 취지를 응용하여 말하자면, 이렇게 정리할 수 있겠습니다. 교회됨의 중요성을 인식해야 하고, 그것을 바탕으로 교회와 목회자의 윤리적 각성이 절실하다고 말입니다. 무엇보다도, 교회는 시류에 영합하기보다 교회다움을 구현할 수 있도록 문제의식을 가져야 합니다.

목회윤리의 공동체적 지평을 말하는 것은, 가뜩이나 분주하고 그 짐이 무거운 목회자를 윤리문제로 더 힘겹게 만들려는 것이 아닙니다. 목회의 윤리적 본질과 비전을 새롭게 조명함으로써 목회윤리의 바른 이해를 추구해야 한다는 취지입니다.

이를 통해, 궁극적으로 '교회로 교회되게 하는' 교회됨이 구현될 수 있기를 기대해 봅니다. 그것이야말로 주께서 원하시는 길이요, 교회가 감당해야 할 가장 중요한 과제일 것 같습니다.

특별히, 오늘의 한국시민사회에서 교회가 깊이 명심해야 할 과제이자 시대적 어젠다로 삼아야만 하겠습니다. 교회가 교회되는 것보다 더 중요한 것은 없다는 사실을 항상 기억하면서 교회됨을 위한 윤리적 인식과 실천에 더욱 힘써야 한다는 취지입니다.

**긍휼은 심판을 이기고(약2:13)**

# 7

# 가족이지만,
# 성찬 집례자로 대하라

가족의 일원이라도 목사로 임직되면, 성찬 집례자로 존중
해야 한다. (…) 성찬(eucharist)은 교회로 교회되게 하는
예식이다.

- Stanley Hauerwas
*Christian Existence Today*

- 긍정의 힘? 긍휼의 힘!
- 가족이라도, 성찬의 집례자로 대하라
- 윤리설교? 교회됨을 위한 것이어야!

## 함께 읽을 책

## 긍정의 힘? 긍휼의 힘!

베스트셀러인『긍정의 힘』을 잘 알고 계시지요? 우리나라가 이 책의 판매부수로 볼 때 세계에서 몇 손가락 안에 든다고 하더군요. 이 책은 강한 파급효과가 있어서 속편으로 나온 여러 책들 역시 상당한 인기를 누렸고, 아마 지금도 그런 것 같습니다.

긍정의 마인드를 심어주고 밝은 생각을 가지게 하는 것은 그 자체로 의미가 있어 보입니다. 우울하고 어두운 이야기가 이끌어가는 세상에서 밝은 생각을 심어준 셈이지요.

한편에서는 논란도 있더군요. 이 책을 과연 기독교적인 것이라고 할 수 있느냐? 긍정 마인드를 심어주는 것도 좋지만, 죄와 심판에 대한 영적 심각성을 말하지 않는다는 이야기, 너무 기복적이고 현세지향적인 성공신학을 강조한다는 이야기, 뭐 그런 논란입니다.

이 역시 일리가 있는 말인 것 같습니다. 기독교적 관점에서 '긍정' 혹은 '적극적 사고'를 강조했던 노만 빈센트 필, 로버트 슐러 같은 분들이 이미 겪었던 반응과도 유사한 것 같습니다.

조금 다른 각도에서, 긍정에 관해 생각해 봅니다. 교회에 대한 부정적인 이야기들이 넘쳐나는 때, 교회를 긍정의 눈으로 보기 위한 노력이랄까 혹은 교회의 윤리적 가능성에 대한 관심이랄까, 뭐 그런 이야기 말입니다.

교회를 긍정적으로 봐 달라고 구걸하는 것이 아닙니다. 진정으로 교회가 윤리적으로 긍정의 능력을 발휘하고 있는지 살펴보자는 뜻입니다. 교회에 속한 우리들 스스로 교회의 윤리적 가능성을 과연 긍정하고 있는지 너무 냉소적으로 흘러가고 있는 것은 아닌지 되돌아보자는 뜻도 담겨 있습니다.

교회의 윤리적 가능성에 대한 긍정, 과연 가능할까요? 제가 보기에는 분명히 가능합니다. 문제는 관점입니다. 좀 더 깊이 생각해 보면 우리가 도덕적으로 완벽해서 구원받은 것이 아니라, 죄인이기에 구원받은 것 아니겠습니까?

주께서 자격 없는 자들을 부르셔서 하나님의 자녀 되게 하신 것 아니겠습니까? 오직 주의 은혜로, 우리를 불쌍히 여기셔서 구원하신 것 아닌가요? 긍휼을 입은 존재, 은혜가 필요한 존재로서의 자기정체성을 발견해야 할 것 같습니다.

이런 뜻에서, 우리의 윤리는 '긍정'을 넘어 '긍휼'의 은혜에서 출발해야 할 것 같습니다. 긍휼을 입은 자로서, 마땅히 긍휼을 실천해야 하지 않겠습니까? 누군가를 정죄하고 비난하고 심판하기에 앞서, 나 자신부터 복음대로 사는 모습을 보여주어야 하는 것 아닐까요? 교회 안에 수많은 문제들이 있는 것을 보면서 비난하고 정죄하고 심판하기보다 교회의 바른 모습을 위해 바람직한 대안을 찾으려는 노력이 더 절실하게 필요한 것은 아닐까요?

교회의 윤리적 가능성에 대한 긍정, 교회의 윤리적 성숙과 신앙인의 복음적 윤리를 위해, '긍휼의 힘'을 기억하자고 말입니다. 주께서 우리를 긍휼히 여기신 그 힘이 우리를 그리스도인 되게 하신 것에 감격·감사하면서 긍휼의 윤리를 실천하자는 뜻이지요.

아마도, 가장 마음 아프신 분은 교회를 사랑하시는 주님이실 듯싶네요. 그리스도의 몸 된 교회를 향하여 안타까운 애통함의 마음이 오늘의 교회를 향한 '그리스도의 심장'이 아닐까 생각해 봅니다.


## 가족이라도, 성찬의 집례자로 대하라

놓치지 말아야 할 것이 있습니다. 은혜윤리는 비난과 정죄와 심판보다 더 처절하고도 분명한 헌신이 필요하다는 사실, 그것을 잊어서는 안 됩니다. 복음대로 살아간다는 것은 결코 쉽지 않습니다. 그럭저럭 시간이 흘러가면 대충 덮어지고 넘어가는 윤리가 아니라, 철저한 자기성찰과 은혜에 대한 분명한 응답을 통해서만 가능한 일입니다.

특히, 은혜를 소중히 여기고 주의 말씀 앞에 바르게 응답하는 자세가 필요합니다. 교회를 긍휼히 여기는 마음, 그것이 필요합니다. 무엇을 위해서요? 교회됨을 통해 주께서 원하시는 교회가 되게 하기 위해서입니다.

예를 들어, 시사고발 프로그램에서 대형교회를 고발하고 목회자를 문제 삼는 경우들이 있지요. 반복될수록, 자신도 모르게 목회자를 대하는 태도가 달라지는 것 같지 않습니까?

하우어워스에 따르면, 목회사역의 정당성이 오로지 그 직무를 수행하는 개인의 거룩성에만 의존하는 것처럼 생각하는 것은 현대판 도나투스주의(Donatism)에 흐르기 쉽다고 합니다.

교회역사에 이와 관련된 안타까운 예가 있었습니다. 아우구스티누스 당시 도나투스주의자들이 로마에 협력했던 성직자들의 성찬을 거부하고 교회의 순수성을 지켜야 한다는 명분으로 폭력까지도 서슴지 않았던 일이 있었던 것을 기억할 필요가 있겠습니다.

물론, 하우어워스의 관점은 목회자 개인의 윤리적 성숙이 불필요하다는 분위기를 조장하려는 것이 아닙니다. 개인의 도덕성은 물론이고, 교회됨을 위한 공동체적 책임을 강조하기 위한 뜻에서 읽어야 합니다.

하우어워스에 따르면, 교회를 먼저 논하지 않고서는 목회자들의 사역을 다룰 수 없습니다. 교회의 주된 목적이 무엇인지 분명해질 때에야 비로소 성직자에 대해서도 바른 기대를 걸 수 있다는 뜻이 되겠습니다.

역설적으로, 하우어워스는 목회자를 존중하도록 권합니다. 가족의 일원이라 해도 그가 목사로 안수 받고 임직되면, 가족으로서보다 목회자로 존중해야 한다고 말합니다. 왜냐하면, 그가 이제부터는 '성찬의 집례자'이기 때문입니다.

하우어워스에 따르면, 목회의 성례전적 특성과 목회자의 도덕적 성품 사이에 중요한 연관성이 있습니다. 특히 성만찬이 중요합니다. 목회자가 성만찬의 집례자가 된다는 것 자체가 중요합니다. 이것은 가톨릭적 관념을 반영한 것이 아니라, 성만찬이야말로 교회로 교회되게 하는 예식에 속한다는 생각 때문입니다.

하우어워스에 따르면, 목회는 교회로 하여금 이 세상에서 하나님의 현존을 증거하는 증인이 되게 하는 사명이라 할 수 있으며, 세례와 성만찬 그리고 성도들을 바로세우는 일은 가장 대표적인 직무들이라 할 수 있습니다. 성만찬을 비롯한 예전들이 목회의 공동체적 정체성에 결정적인 요소가 된다는 의미입니다.

하우어워스는 사무엘이 다윗을 왕으로 세웠던 예를 들어 안수와 임직을 통해 세워지는 목회자의 정체성과 직무를 비유적으로 설명합니다. 목회자로 임직되고 안수를 받는 것은 정치지도자로 안수를 받아 임직된 것이 아니라 그리스도의 제사장으로 안수를 받아 임직된 것으로서, 목회자의 리더십은 제사장의 직임에 의해 드러납니다.

하우어워스에 따르면, 특히 목회자는 성만찬을 통해 교회를 향하여 그리스도의 대제사장 되심의 은혜를 드러내는 직임을 감당해야 합니다. 이를 통해 우리는 성만찬의 공동체 (an eucharistic community)로서 하나님의 임재를 경험하게 된다는 것이지요.

하우어워스가 목회자에 대한 존중을 말하는 것은 바로 이러한 배경에서입니다. 임직을 통해 목회자에게 주어진 책무, 즉 회중을 세우는 일로서의 목회 그 자체를 존중해야 한다는 뜻이지요. 말하자면, 목회자를 교회로 하여금 하나님의 사람을 세워가는 과업들을 통해 교회로 하여금 교회 자신과 세상을 해석할 수 있도록 돕는 사역을 감당하는 자로 인식해야 한다는 주장인 셈입니다.

하우어워스에 따르면, 말씀이 올바로 선포되고 성례전이 제대로 베풀어지는 곳에서 성경의 권위를 제대로 인정할 줄 아는 백성이 세워집니다. 목회자의 책무는 말씀을 선포하고 성만찬을 집례하는 것 이외의 다른 것이 아닙니다. 하나님을 알지 못하는 이 세상 속에서 교회가 하나님의 사람들로 구성되게 하는 것은 말씀과 성만찬을 통해서 이루어지는 것이기 때문이지요.

한마디로, 매주 예전을 통한 성경을 읽음으로써 그리스도인의 도덕적 정체성과 성품이 형성된다는 점을 고려해야 합니다. 그리고 목회자의 정체성을 찾아야 한다는 뜻이 되겠습니다.

성찬과 함께, 말씀사역의 중요성에 대한 하우어워스의 강조점은 예언자적 목회에 맞추어집니다. 하우어워스가 보기에, 목회자의 책무는 공동체를 향하여 공동체의 존재근거가 되고 교회를 교회되게 하는 그 이야기를 전해주는 데 있습니다. 목회자를 예언자로 추앙받게 하려는 취지가 아니라, 교회로 교회되게 하는 목회윤리의 핵심과제를 말해주는 것이라 하겠습니다.

하우어워스가 목회직의 예언자적 본질을 강조하는 것은 이스라엘 예언자를 흉내 내라는 것이 아닙니다. 하우어워스에 따르면, 예수 그리스도야말로 진정한 예언자이시며, 그리스도인 모두는 예수 그리스도를 본받아 예언자적 직무를 수행해야 할 책임이 있습니다.

하나님을 알지 못하는 이 세상에 그리스도인들이 존재하고 교회가 세워져 있다는 것, 이것이 중요합니다. 무엇보다도, 하나님께서 이 세상을 버리지 않으셨다는 표식임을 예언자적으로 증언해야 한다는 의미일 듯싶습니다.


### 윤리설교? 교회됨을 위한 것이어야!

설교 역시 중요합니다. 설교자와 듣는 자, 모두가 교회됨을 유념하는 노력이 필요합니다. 어느 신앙잡지에 교회가 위기를 맞이하고 비난을 받는 원인을 '윤리설교'가 없었다는 데서 찾아내는 인터뷰가 있었습니다. 복 받으라는 설교, 잘되라는 설교만 있었지 바르게 살아야 한다는 설교가 거의 없었다는 겁니다.

동의할 내용도 있었지만, 이런 생각이 들었습니다. 과연 '윤리설교'라는 것이 무엇일까요? '윤리설교'라고 해서 반드시 윤리의 이름으로 시행되는 설교일 필요는 없지 않을까 하는 생각이 들더군요. 게다가 윤리에 관한 전문적인 이론을 거들먹거리거나 굳이 윤리라는 단어가 등장해야 하는 것은 아닌 듯싶기도 하고요.

드리고 싶은 말씀은 이겁니다. '윤리설교'가 필요하기는 하지만, 굳이 윤리설교가 없어서 윤리의 위기가 초래된 것은 아니라는 점을 말씀드리고 싶은 겁니다. 설교자를 포함한 모든 신앙인이 너무도 마땅하고 분명한 삶의 모습, 복음대로 사는 삶을 보여주지 못하는, 그것 자체가 문제라는 점을 놓쳐서는 안 된다는 이야기를 하고 싶은 겁니다.

생각나는 일이 하나 더 있습니다. '연구윤리'라는 것이 있지요. '설교도용'이라는 것도 문제가 될 수 있습니다. 설교자료 사이트를 통째로 사용하여 설교하는 경우, 다른 목사님의 설교집에 있는 그대로를 자신의 설교인 것처럼 사용하는 경우, 그리고 다른 분들의 예화를 마치 자신의 경험인 것처럼 전달하는 경우는 '연구윤리'라기보다 '설교자의 윤리'에 속한다고 해야 할 듯싶군요.

중요한 것은 윤리설교를 얼마나 자주 하는가의 문제, 즉 횟수나 '윤리'를 직접적으로 대놓고 말하고 있는가 하는 점이 아닙니다. 바른 삶에 대한 인식, 특히 복음대로 사는 삶에 대한 강조가 필요하다고 하겠습니다.

앞으로 한국교회의 강단에 이런 설교가 점점 더 많아지기를 기대해 봅니다. 윤리를 설교해야 한다면, 은혜중심의 윤리, 교회에 덕을 세우는 윤리를 설교할 수 있으면 좋겠습니다. 교회공동체를 위한 윤리, 긍휼을 강조하는 윤리, 은혜에 대한 바른 응답을 요청하는 윤리, 그런 윤리가 우리에게 필요하기 때문입니다.

이와 함께 깊이 생각해야만 하는 것이 하나 더 있습니다. 설교를 듣는 모두가 바른 설교에 대한 기대를 가져야 합니다. 번영을 위한 설교, 웃기는 이야기에 길들여지기보다 복음의 사람으로서의 정체성을 확인하고 복음의 증인으로 살아갈 능력을 공급하는 설교에 '은혜를 받는' 예배자가 되는 것도 중요하다는 뜻입니다. 설교자의 바른 설교만 아니라, 설교에 대한 우리의 기대까지도 복음적인 것이어야 하겠습니다. 교회됨을 위해서 말입니다.

**긍휼은 심판을 이기고(약2:13)**

# 8

# 삶은 예배의
# 리허설이다

종말론적으로, 삶은 예배의 리허설이다. (…) 예배와 윤리를
이분법으로 구분해서는 안 된다.

- Stanley Hauerwas
*The Blackwell Companion to Christian Ethics*

- 이벤트가 되어버린 예배
- 삶은 예배의 리허설이다
- 교회의 펀더멘털에 관심하라

**함께 읽을 책**

## 이벤트가 되어버린 예배

예배의 분위기는 교회마다 다를 것 같습니다. 주일예배에서 찬송가 대신 CCM을 부르고 워십과 드라마가 등장하는 경우도 있지요. 딱히 뭐라 할 수 없지만, 색다른 예배인 것은 분명합니다. 적응이 필요한 것도 사실이고요. 모든 예배가 전통적인 것이어야 한다는 뜻은 아닙니다.

예를 들어, 대학의 채플이나 교회의 젊은이를 위한 예배에서는 창의적인 접근이 필요해 보이는 것도 사실입니다. 나름의 고유한 사명과 목적이 있다는 점에서 문화적이고 창의적인 접근이 필요하다는 뜻이지요.

다만, 주일예배까지 그렇게 하는 것은 어색해 보이는 것이 솔직한 심정입니다. 제가 너무 보수적이라고요? 글쎄요. 보수의 기준이 무엇인지 되묻고 싶습니다만, 저 역시 퍼포먼스를 통한 메시지 전달효과 자체를 경시하고 싶지는 않습니다. 하지만, 이벤트나 공연만으로는 예배의 본질을 대체할 수 없다는 점은 분명해 보입니다.

흥미롭게도, 현대 예배에 대한 하우어워스의 진단에 독설처럼 보이는 표현이 나타납니다. '오늘의 예배는 추하다(so much of contemporary Christian worship is ugly).' 하우어워스에 따르면, 예배가 공연(entertainment)으로 변질되어 일종의 소비대상이 되어버렸고 회중은 예배참여자라기보다 어느덧 문화소비자 혹은 관객이 되기 쉽다는 점에 문제가 있습니다.

예배가 공연으로 전락한 이유에 대해, 하우어워스는 신앙인들의 모임으로서의 공동체를 상실했기 때문이라고 말합니다. 그리고 예배의 공동체성을 회복해야 한다고 제안합니다. 이것을 하우어워스는 예배가 개인화되는 경향이라고 진단합니다. 예배는 개인의 것도 아니고 개인화되어서도 안 된다는 뜻이지요.

여기에서, 우리는 예배와 윤리를 분리시켜서는 안 된다는 하우어워스의 관점에 흥미를 가지게 됩니다. 무엇보다도 주목할 것은 그가 예배학을 기웃거리고 있는 것이 아니라 예배에 대한 공동체적 인식의 필요성과 예배의 진정한 의의 회복을 강조하고 있다는 점입니다. 하우어워스의 교회 이해에는 예배자들의 공동체라는 인식이 포함되어 있는 셈입니다.

하우어워스가 보기에, 이것은 그리스도를 통한 하나님의 용서의 은총을 공동체와 격리시켜서 개인적 경험 안에 고립

시킬 가능성이 큽니다. 개인묵상이나 성경읽기가 영적 유익이 된다는 것에는 의심의 여지가 없지만, 예배가 본래 공동체적인 것임을 간과해서는 안 된다는 생각이지요.

예배자는 홀로 예배하는 것이 아님을 인식해야 하며, 나의 예배가 바른 것인지를 알기 위해 예배의 동료 즉 예배공동체가 필요하다는 것이 하우어워스의 생각입니다. 예배를 통해 그리스도인으로서의 성품을 함양하고 구원받은 그리스도인임을 지속적으로 인지하고 확인하게 된다고 보았기 때문입니다. 이렇게 보면, 예배와 윤리가 연관되어 있는 셈입니다.


## 삶은 예배의 리허설이다

갑작스럽고도 어색하다고요? 맞는 말씀입니다. 교회됨의 윤리를 말하는 와중에 예배를 문제 삼는 것은 무슨 의도일까요? 일반적으로 예배와 윤리는 다른 영역에 속하는 별개의 주제라고들 생각합니다.

그런 탓에, 두 분야를 연계 짓는 것은 잘 어울리지 않는 (incongruous) 일처럼 생각됩니다. 그럼에도 불구하고, 기독교적 덕의 윤리 혹은 공동체윤리를 강조하는 하우어워스가 '예배'에 관심을 갖는 이유는 과연 무엇일까요? 여기에는 하우어워스만의 고유한 문제의식이 작용하고 있습니다.

하우어워스는 생뚱맞게도, '예배를 통한 윤리'를 연구합니다. 그는 예배와 윤리를 연계시키려 하는 데에는 기독교윤리의 형식과 내용에 도전장을 내밀고 그 내용들을 변경시키려는 목적이 있다고 말합니다.

예배와 윤리를 연관 짓는 데에는 이유가 있습니다. 교회가 예배를 통해 하나님의 뜻을 알기 원하는 것과 마찬가지로 윤리를 통해 하나님의 뜻을 알기 원하는 것 자체가 일종의 공통분모에 해당한다고 보았던 셈이지요.

하우어워스의 생각으로는 예배와 윤리를 분리시켜온 가장 큰 이유는 잘못된 구분법 혹은 고정관념이 작용했기 때문입니다. 예를 들어, 윤리는 현실에 관한 것이요, 예배는 현실의 문제가 아니라고 생각하기 쉽지만, 이는 칸트의 영향을 받은 고정관념일 뿐입니다. 하우어워스는 칸트적 사고방식을 넘어서야 한다고 주장합니다.

또한, 예배는 미(美)를, 윤리는 선(善)을 다루는 것으로서, 각각 주제가 다르다고 생각하는 것도 문제가 있습니다. 하지만, 하우어워스는 이것은 예배를 통해 진선미 모두를 통합하시는 하나님을 바르게 인식하지 못한 것에 불과하다고 말합니다. 예배가 복음의 빛을 통해 진선미를 성찰하도록 이끌어준다는 사실을 기억해야 한다는 뜻입니다.

예배는 내적인 혹은 사적인 것에, 윤리는 외적인 것 혹은 공적인 것이라는 생각 또한 문제가 있습니다. 이 역시 칸트적 이분법의 영향을 받은 것으로서 공과 사를 구분하려는 지극히 제한된 의미의 정치 개념에서 나온 것이라 할 수 있습니다. 하우어워스가 보기에, 예배는 그리스도의 몸 된 교회를 위한 최선의 질서를 보여주며, 그리스도인이 수행해야 할 가장 중요한 윤리입니다.

그리고 예배는 말씀에 관한 것이요, 윤리는 행위에 관한 것이라는 이분법 또한 문제입니다. 하우어워스가 보기에, 예배는 그리스도인들이 그리스도를 닮아가고 하나님의 증인이 되기 위한 방법이라 할 예수의 명령 앞에 정기적으로 함께 복종하는 절차들을 질서 있게 제정해 둔 일련의 실천 관행입니다.

또한 성만찬은 그리스도를 기념하는 것으로서의 과거에 대한 회상이라고 할 수 있겠습니다. 예수께서 하늘의 만찬을 내다보시면서 제정하신 성만찬의 행위를 통해 미래를 바라보게 하는 것이라 하겠습니다.

이 모든 주장을 요약하는 명문장이 하나 있습니다. 하우어워스에 따르면, 종말론적 관점에서 '삶이란 그 자체로 예배의 리허설'이며, 예배를 통해 윤리를 구현해야 합니다.

예배의 공동체성을 말하는 이유도 다르지 않습니다. 교회는 예배공동체이자 증인됨의 공동체여야 한다는 것이지요. 혹은 예배를 통해 그리스도의 제자됨과 증인됨을 위한 분명한 확신과 실천을 담보해야 한다는 뜻으로 옮길 수 있겠습니다.

하우어워스가 보기에, 그리스도인을 하나님의 증인이 되도록 훈련하는 최선의 길은 예배입니다. 예배를 통해 정체성을 발견하고 그리스도인답게 살아갈 능력을 얻기 때문입니다.

예배의 중요성을 강조하는 데에는 이유가 있습니다. 교회는 모두의 진정한 주가 되시는 하나님께 대한 예배를 통해 통일성을 보여주는 공동체가 되어야 하며, 예배를 통해 우리 자신과 타자에 대해 우리가 신실해지는 데 필요한 진리를 배워야 한다고 생각하기 때문입니다.

하우어워스에 따르면, 그리스도인은 예전을 통해 형성됩니다. 그리스도인은 도덕적으로 살도록 부르심을 받았을 뿐 아니라 거룩해져야 하며, 예배하기 위해 지음 받은 존재임을 잊지 말아야 합니다. 하나님께서 교회의 주되심(Lordship)에 대한 신뢰와 교회됨을 위한 신실한 노력의 필요성을 강조하는 뜻으로 읽을 수 있겠습니다.

## 교회의 펀더멘털에 관심하라

하우어워스의 관심은 예전 일반에 적용됩니다. 무엇보다도 성만찬에 대한 이해에서 더욱 분명해집니다. 성만찬은 그리스도인을 서로 만나게 하며 서로를 용서받은 공동체에 속해있게 하며 예수 내러티브를 구현하도록 이끌어 준다는 점에서 기독교윤리의 핵심적인 관심사가 되어야 합니다.

기독교윤리란 예수 내러티브를 통해 예수의 제자가 되고 증인이 되게 하는 것이라는 점을 기억해야 합니다. 성만찬을 비롯한 예전이 추구하는 목표와 기독교윤리가 추구하는 것 사이에 공통분모가 자리하고 있는 셈이지요.

특히 성만찬에는 중요한 윤리적 연관성이 있습니다. 성만찬은 하나님을 만나고 서로를 만나게 하며, 예수 내러티브를 다시 만나게 하고, 그것을 구체적으로 체험하게 하며, 그 이야기를 실천하도록 이끌어 줍니다.

이러한 뜻에서, 성만찬은 그리스도인의 도덕형성과 성숙을 위한 자양분이라 하겠습니다. 성만찬은 공동체와 구성원들을 격려하며 공동체를 형성시켜주는 터전이자 통로이기 때문이지요.

성만찬뿐만 아니라, 세례에 대한 이해 역시 중요합니다. 세례를 받는 것은 은혜에 참여하는 것이며, 삶의 방향을 재조정하는 것이요, 새로운 시작입니다. 세례를 받았다는 것만으로 도덕적 영웅들의 공동체의 구성원이 되는 것은 아니지만, 새로운 시작임에 틀림없습니다.

동시에 세례에는 공동체적 의의가 담겨있습니다. 세례는 개인에게 주어지는 것이지만, 세례는 그리스도와 연합하는 것이요, 공동체의 구성원이 된다는 것을 뜻합니다. 그리스도인이 되는 것은 개인의 신앙고백을 기초로 하는 것이지만, 그 맥락과 배경 자체가 교회라고 하는 공동체를 전제하는 것이라는 점에서 세례는 근본적으로 공동체적 사건이라고 보아야 합니다.

이쯤에서, 요점을 정리할 필요가 있습니다. 예배, 성찬, 세례 그리고 교회에 대해 관심한다는 것은 결국 교회의 기초, 근간 내지는 근본에 대한 관심을 촉구한 것이라 할 수 있겠습니다. 말하자면, 하우어워스의 교회됨의 윤리는 교회의 펀더멘털에 집중하기를 강력하게 제안하고 있는 셈입니다. 예전이라는 것 자체가 교회가 전수받아온 실천적 관행들(practices)이자 근간이라는 점에서 말입니다.

이 점은 하우어워스에게서 기독교윤리의 정체성과 특징을 가장 분명하게 볼 수 있는 요소입니다. 하우어워스는 기독교윤리가 그리스도인들로 하여금 예수의 의를 실현할 수 있도록 돕는 학문이어야 함을 강조합니다. 특정한 신학자나 그의 사상에 함몰된 나머지 기독교윤리의 바탕이 되는 교회와 그 실천관행들을 도외시해서는 안 된다는 문제의식이 담겨있는 셈이지요.

하우어워스의 윤리를 '교회윤리'라고 부르는 데에는 이러한 요소들이 크게 작용하는 것 같습니다. 특히 예배를 비롯한 예전, 그 자체에 대한 관심보다도 그것이 교회의 실천관행이자 전통이라는 사실에 주목했던 부분을 놓쳐서는 안 됩니다.

이것은 하우어워스가 교회를 정의할 때, 예수 내러티브의 공동체라고 말한 것과도 통하는 요소입니다. 예전에 큰 관심을 갖는 것은 결국 교회를 예배공동체 혹은 예배를 통한 예수 내러티브를 성품화하는 덕의 공동체로 인식하고 있음을 보여줍니다.

이렇게 보면, 하우어워스는 윤리에서 예배로, 예배에서 교회로, 그리고 교회에서 다시 윤리로 돌아오는 궤적을 보여주고 있습니다. 윤리와 예배를 이분법적으로 분리해서는 안된다는 뜻인 것 같습니다. 예배는 윤리의 실천을 위한 통로이며, 윤리는 예배를 통해 구체화됩니다.

한 마디로, 예배 없는 윤리는 공허하고, 윤리 없는 예배는 부족합니다. 그가 말하고자 한 것은 예배학을 어떻게 연관지어 연구할 것인가 혹은 예배의 순서와 관행을 어떻게 바꿀 것인가의 문제가 아니라, 기독교윤리가 진정으로 주목해야 할 이슈들이란 과연 무엇인가에 관한 것임을 유념할 필요가 있습니다. 교회됨을 위해서 말입니다.

여기에서 질문해야 할 것이 있습니다. 교회는 항상 좋은 곳인가요? 교회공동체로부터 받는 상처들은 어떻게 설명하고 해결할 것인가요? 복음이 있는 예배공동체에서 왜 복음이 능력을 발휘하지 못하나요? 예배 자체를 드리지 못하게

되는 예배방해와 폭력사태들이 교회 안에 생겨나는 현상들
은 어떻게 해결해야 하나요?

**긍휼은 심판을 이기고(약2:13)**

# 9

# 교회됨,
# 그 자체가 사회윤리이다

교회가 제시해야 할 사회윤리가 별도로 있는 것이 아니다.
교회됨, 그 자체가 사회윤리이다.

- Stanley Hauerwas
*The Peaceable Kingdom*

교회가 현실의 도전에 응답할 방식은 교회 그 자체가 되는
것이다. 교회는 세상을 섬기되 그 자신의 방식으로 섬겨야
한다.

- Stanley Hauerwas
*A Community of Character*

- 소종파적이고 자폐적인?
- 교회됨, 그 자체로 사회윤리
- 교회 안팎으로!

**함께 읽을 책**

## 소종파적이고 자폐적인?

대개의 경우, '소종파(sect)'라는 말은 긍정보다는 부정적인 뉘앙스를 담아 사용하곤 합니다. 만일, 누군가의 생각을 '소종파적(sectarian)이다'라고 말한다면, 그것은 자기들만의 비밀에 집착하는 사람들을 뜻하는 것이기 쉽지요. 아마도 '자폐적'이라는 뜻에 가까울 듯싶습니다. 뭔가 외곬이라는 부정적인 평가를 내리고 있는 셈입니다.

하우어워스가 말하는 교회됨에 관해 여러 반응들이 있지만, 아마도 가장 치명적인 것이 '소종파적 퇴거(sectarian withdrawal)'라는 비판일 겁니다. 소종파를 들먹거리며 하우어워스를 비판한 사람은 그의 예일대학 시절의 은사였던 거스타프슨(James Gustafson)입니다.

그래서인지, 하우어워스 자신도 이 비판에 매우 신경을 쓰고 예민한 반응을 보이고 있습니다. 자신은 소종파주의적 제안을 한 것이 아니라고 말입니다. 소종파주의라는 비판은 자신의 입장을 제대로 이해하지 못한 데서 비롯된 것이요, 오히려 거스타프슨에게 계몽주의적이고 자유주의적인 편견으로서의 부족주의(tribalism)가 드러난다고 반박하기도 합니다.

하우어워스의 항변에도 불구하고, 대부분의 신학자들이 거스타프슨에 동의하는 분위기입니다. 실제로 그런 측면이 없어 보이지 않는다는 것이 더 큰 문제이겠죠. 쉽게 말하면, 교회의 중요성을 강조하는 목소리가 지나쳐서 '교회 안으로 들어가게만 하고 교회 밖의 사회적 문제들에 대해 귀를 닫아버리는' 위험성을 지니고 있다는 비판에 딱히 반박하기 쉽지 않다는 뜻입니다.

하우어워스를 옹호하는 사람들이 없는 것은 아닙니다. 퍼거슨(David Fergusson)은 하우어워스의 교회관은 소종파로 분류되는 교회들과 다른 점이 있다고 옹호합니다. 독특한 기독교 공동체의 구현을 통해 시민사회에 더 큰 영향력을 발휘할 수 있다는 생각을 담고 있다는 것이지요. 물론, 하우어워스를 전적으로 동의한 것은 아닙니다. 성령론적 보완이 필요하다는 제안을 하기도 했으니까요.

허트(Jennifer A. Herdt)의 관점은 하우어워스의 특징을 잘 표현해 주고 있습니다. 교회를 덕의 공동체 혹은 성품공동체로 규정하면서 예수 내러티브에 주목하였다는 점, 그리고 덕성의 함양이 개인의 몫이라기보다 교회라는 공동체를 통해 이루어져야 한다는 점을 일깨웠다는 점에서 의의가 크다는 주장입니다.

사실, 이 문제는 학문적 찬반의 대상이라기보다 호불호(好不好)의 문제가 아닐까 싶기도 합니다. 어떤 관점에서 하우어워스를 읽을 것인가의 문제라는 뜻입니다. 어쨌든, 하우어워스 스스로 소종파 그 자체를 지향한 것이 아니라는 점을 생각할 필요가 있겠습니다. 자폐적 교회관 혹은 소종파적 위험이라는 비판이 하우어워스에 대한 선입견으로 작용하게 해서는 안 된다는 뜻입니다.


## 교회됨, 그 자체로 사회윤리

하우어워스는 자신에게 쏟아지는 비판에 당당합니다. 하우어워스가 작심을 하고, 교회에 세상으로부터 도피하라고 말하고 싶었던 것은 아니겠지요. 세상을 거부하라거나 세상으로부터 물러나라는 것도 아니겠지요. 오히려, 하우어워스는 '교회됨, 그 자체로 사회윤리'라는 표현을 씁니다. 무슨 뜻일까요? 어떻게 읽어내야 할까요?

단적으로 말하자면, 교회가 세상을 섬기되 그 자신의 방식으로 섬겨야 한다는 뜻입니다. 하우어워스는 자신의 윤리가 세상에 대한 거부 혹은 퇴거의 윤리가 아니라, 그리스도인의 방식으로 세상을 섬기려는 윤리로 보아야 한다고 주장합니다. 세상을 거부하라는 뜻이 아닙니다. 세상으로부터 물러나라는 것도 아닙니다. 오히려 교회가 세상을 섬기되 그 자신의 방식으로 섬겨야 한다고 말합니다.

어떻게요? 하우어워스에 따르면, 교회는 오히려 세상이야말로 분열된 모습을 보이고 있으며 부족중심적인 모습을 드러내는 곳이라는 점을 일깨워주는 공동체여야 한다고 힘주어 말합니다. 이렇게 말하기도 합니다. '세상과 교회는 결코 같은 것일 수 없다. 만일 이것을 퇴거라고 비판한다면, 나는 조금도 개의치 않겠다. 세상은 교회일 수 없다.'

말하자면, 교회 자체의 방식에 충실해져야 한다는 뜻입니다. 여기에는, 교회가 신뢰와 덕의 공동체가 되지 못했다는 자성도 깔려 있습니다. 교회는 청소년이 기본도덕을 배우는 곳쯤으로 전락해서, '하지 마라' 혹은 '해라'와 같은 관습적 도덕을 가르치는 곳에 불과하다는 식으로 평가되고 있다는 것이 하우어워스의 문제의식입니다.

교회가 예수 내러티브에 따른 그리스도인됨의 덕성을 함양하는 곳이기보다 칸트의 윤리를 뒤쫓아 가기에 급급해하고 있는 오류를 범하고 있다는 뜻입니다. 교회가 예수 내러티브의 공동체로서의 모습과 그리스도인다운 덕을 회복함으로써 덕성훈련의 장이 되어야 한다는 주장을 하고 싶었던 셈입니다.

하우어워스에 따르면, 그리스도인의 으뜸가는 책무가 세상을 좀 더 선하고 좀 더 정의로운 곳이 되게 하는 것이 아닙니다. 오히려, 세상은 세상일 뿐임을 깨우쳐주고, 그리스도인됨을 통해 대안을 보여주는 공동체가 되어야 한다는 취지입니다.

이 점에서, 하우어워스가 보기에 교회는 그 자체로 존재이유가 있습니다. 교회의 책무는 정부의 합법성에 관한 이론을 제공하는 것이 아닙니다. 사회개선의 전략을 제안하는 것도 아닙니다.

아마도, 하우어워스는 대안으로서 용서와 화해의 평화를 구현해야 한다는 주장을 하고 싶었을 겁니다. 교회는 당신의 십자가 죽음을 통해 본보기를 보여주신 예수 그리스도의 이야기에 근거하며, 전쟁의 위험이 상존하는 시대에 비폭력이라는 방식으로 평화의 윤리를 실현하는 공동체가 되어야 한다는 주장이 하우어워스의 사회윤리관을 대변해 줍니다.

폭력의 시대에 평화의 가치는 하우어워스에게서 사회윤리의 핵심주제입니다. 교회는 세상을 하나님의 나라로 변화시키는 것이 아니라, 세상에 평화의 공동체를 보여줌으로써 하나님의 나라에 충실해져야 한다는 생각이지요.

무엇보다도, 교회는 십자가 죽음을 통해 본보기를 보여주신 예수 그리스도의 이야기에 근거하며, 그 핵심에 평화와 비폭력의 강조가 담겨있다는 것이 하우어워스의 요점입니다. 그가 평화의 왕국(the peaceable kingdom)을 강조하는 이유도 여기에 있습니다.

이렇게 보면, 하우어워스는 사회윤리의 중심축을 옮겨 놓았다고 하겠습니다. 교회됨을 통해 평화를 위한 노력(peacemaking)에 초점을 맞추고 있다는 사실은 기존의 기독교사회윤리에 도전장을 던진 것이라고 하겠습니다.


### 교회 안팎으로!

교회됨을 기본으로 삼되, 교회 안과 밖으로 윤리적이어야 할 것 같습니다. '교회 안팎으로' 윤리적이기 위해 추천하고픈 관점이 있습니다. 하우어워스와 카운터 파트너가 되고 있는 스택하우스(Max L. Stackhouse)의 공공신학(public theology)이 그것입니다.

스택하우스는 신앙의 사사화(私事化, privatization)에 심각한 문제가 있다고 주장하면서, 공적 신앙의 실천을 강조합니다. 스택하우스의 공공신학에서는 설교강단에 모인 교인들만을 위한 교회신학(church theology)을 넘어서, 소종파적 위험을 극복해야 함을 강조합니다.

현대문화를 악으로 간주하여 고결한 경건을 표방함으로써 도덕적 순수성을 가장하려 하지 말라고 요구합니다. 하나님은 모든 영역을 통치하는 분이시기에, 기독교는 '공적 삶의 체제와 정책에 대한 안내자' 역할을 하고 방향을 제시하는 역할을 수행해야 한다는 뜻입니다.

하지만, 교회가 공공성을 구현한다는 것이 국가와 사회정책을 위한 보조자로 전락해도 무관하다는 것은 아닙니다. 교회는 시민사회가 나아가야 할 방향성을 제시하고 사회시스템의 개선 및 공공의 오류를 교정(矯正)하는 역할을 수행한다는 의미입니다.

이것은 라인홀드 니버의 현대적 재조명이라고 할 수 있는 요소입니다. 개인윤리와 사회윤리를 구분하고 사회정책에 깊은 관심을 가져야 한다고 주장한 니버의 윤리가 스택하우스의 공공신학에서 재론되고 있는 셈입니다.

공공신학은 안에서의 윤리를 넘어서 세계(세상) 혹은 사회를 향한 적극적 행보를 대변해 줍니다. 교회는 고백신앙에 묶여있어서는 안 되며, 사회를 향하여 기독교적 통찰을 제시하거나 혹은 기독교적 정책을 제안하고 적용함으로써 사회를 개선하고 사회정의를 구현하며 사회를 변혁하는 역할에 최선을 다해야 한다는 생각입니다.

여기에서 질문이 생깁니다. 어떤 신학이 옳은 것일까? 공공신학인가? 교회윤리인가? 분명한 것은 두 가지 관점 모두 '도덕 주체로서의 교회(church as moral agency)'에 대한 인식을 공유하고 있다는 점입니다. 공공신학에서 교회의 공공성이 구현되지 못하고 있음을 지적했다면, 교회윤리는 교회가 정체성에 충실하지 못함을 지적하고 있습니다.

여기에서, 차별성 내지는 방향의 상이성을 강조하기보다 공통점을 찾아내는 것이 중요할 것 같습니다. 특히 공공신학과 교회윤리의 공통관심사가 '교회'라는 점을 유의해야 합니다. 공공신학과 교회윤리, 두 관점 모두 '있는 그대로의 교회'보다는 '되어야 할 교회'를 말하고 있다는 점에서 말입니다.

공공신학과 교회윤리는 현대 기독교윤리의 방향성에 관한 중요한 아젠다를 제시해 주었습니다. 교회의 공공성 함양 및 교회의 정체성 회복이라는 주제는 상반되는 양립불가능의 관점으로 평가되는 것이 사실이지만, 양자택일의 대상으로만 간주할 것이 아니라 '교회'라고 하는 공통의 관심사를 내포하고 있다는 점에 유의할 필요가 있겠습니다.

스택하우스가 시민사회에서 교회의 좌표를 공공성의 관점에서 제시해 준 것이라면, 하우어워스의 교회윤리는 교회의 정체성에 대한 자성을 촉구한 것이라는 점에서, 공공신학과 교회윤리는 '교회'를 핵심으로 간직하고 있는 셈이지요. 공공신학과 교회윤리는 상극(相剋)이라기보다 교회의 개혁을 위한 카운터 파트너로 인식해야 하겠습니다. 교회 안에서의 윤리와 교회 밖으로의 윤리를 상호보완의 관계로 보아야 한다는 뜻입니다.

따지고 보면, 교회 안에서 예수 이야기에 충실하게 성숙되어야만 교회 밖으로 나아가 하나님의 주권에 충실한 사회적 실천이 진정한 힘을 얻게 되지 않겠습니까? 교회의 사회적 책임이 중요한 것만큼이나 교회가 복음으로 무장하고 교회 안에 윤리의 중요성이 충분히 인식되어야 하기 때문이지요. 교회됨이 중요하다는 뜻입니다.

**긍휼은 심판을 이기고(약2:13)**

# 10

# 하나님은 교회를
# 끝내지 않으셨다

---

하나님은 교회를 버리지 않으시며 세대와 세대를 넘어서
신실한 증인들을 지속적으로 보내주실 것이다.

-Stanley Hauerwas
*A Community of Character*

예수께서 십자가에서 "다 이루었다"라고 하신 것은 '끝났
다'라는 뜻이 아니다. 하나님은 우리를, 교회를, '끝나지
않는 것'으로 만드셨다.

- Stanley Hauerwas
*Cross-Shattered Christ*

---

- 자정능력이 바닥났다?
- 하나님은 교회를 끝내지 않으셨다
- 교회됨, 그것만이 교회의 희망이다

**함께 읽을 책**

## 자정능력이 바닥났다?

치아에 문제가 있을 때, 통증과 불편이 만만치 않지요. 게다가 치아 사이에 긴 음식물을 치간 칫솔이나 치실로 제때 처리해주지 않으면 입 냄새가 나서 남에게 불쾌감을 주기도 합니다. 혹시, 우리는 다른 사람의 입 냄새에는 예민하게 불쾌해하면서도 정작 자신의 입 냄새에는 관대한 것이 아닐까요?

마찬가지로, 교회에 문제가 있다고 요란하게 매스컴을 동원한 교회비판이 설쳐댈 때, 한국 교회에 희망이 없을뿐더러 자정능력까지 바닥났다고 한탄하며 비난하고 정죄하고 심판하는 모습을 보며 어떤 생각을 해야 할까요? 정죄적 비판에 젖어 교회의 윤리적 성숙 가능성에 대한 희망까지도 던져버리는 것이 우리의 모습은 아닐까요?

설교 시간에 누군가의 핸드폰 벨소리가 울릴 때, 누군가를 예의가 없거나 배려가 부족한 사람이라고 단정 짓기보다 내 핸드폰은 어떤지, 그것부터 살펴보는 자세로 살아야 하는 것은 아닐까 싶네요. 특히 교회비판의 소리가 넘쳐날 때, 한 사람의 신앙인으로서 나 자신의 복음적 정체성과 윤리적 실천의 문제부터 되짚어 보아야 하는 것이 아닐까 생각해 봅니다.

교회의 윤리에 대한 비관적인 이야기들이 많아졌습니다. 전혀 근거 없는 이야기는 아니기에, 부끄럽고 안타깝습니다. 시민의식이 각성되고 있는 한국적 맥락에서 교회는 더 이상 성역도 아니고 시민사회가 기대를 가질 만한 희망의 집단이 아닌 듯 비춰지고 있습니다.

'오른손 하는 일 왼손 모르게' 해온 교회의 아름다운 이야기가 주변에 숨겨져 있습니다. 하지만, 언제부터인지 교회는 시민적 감시와 견제가 필요한 권력기관 혹은 투명성과 공공성을 말하기 싫어하는 사적 집단으로 내몰리는 것은 아닌지 아쉽고 안타깝습니다.

한국 교회, 과연 윤리적 성숙이 불가능한 집단일까요? 저는 그렇지 않다고 생각합니다. 우리의 소망은 여전히 교회에 있으며, 교회만이 소망입니다. 물론, 교회가 비판받아 마땅한 일들이 없지 않지요. 문제는 관점과 접근방식입니다.

분명, 교회에 윤리가 필요하고 시민사회가 성숙할수록 교회의 윤리적 성숙 역시 긴요합니다. 좀 더 정확하게 말하자면, 교회는 시민사회를 압도할 탁월한 윤리적 대안공동체가 되어야 마땅하지요. 이를 위해 필요한 것은 교회를 몰아세우거나 교회를 일방적으로 정죄하는 윤리가 아닙니다. 교회가 교회되게 하는 윤리, 교회의 윤리적 성숙을 이끌 수 있는 윤리, 교회에 윤리적 성숙의 대안을 제시하고 교회가 시민사회의 대안이 되게 하는 윤리여야 합니다.

그 첫 단추는 교회의 윤리적 성숙 가능성을 말하는 데 있습니다. 몰아세우고 비난하고 정죄하는 것만으로는 곤란합니다. 교회가 세상의 소망이 될 수 있음을 포기할 수 없습니다. 교회에는 세상의 소망이신 예수 그리스도의 이야기(Jesus narrative), 즉 복음이 있기 때문입니다.

더구나 교회는 권력기관이 아닌 복음의 공동체임을 잊어서는 안 됩니다. 정죄적 심판을 일삼는 율법적 윤리를 넘어서야 할 이유, 교회공동체가 복음대로 사는 윤리를 실천해야 할 이유가 여기에 있습니다. 말하자면, 윤리적 은혜중심주의 혹은 은혜의 윤리(grace-centered ethics)가 필요하다는 뜻입니다. 교회를 윤리적으로 완성된 공동체로 보자는 뜻이 아닙니다. 교회의 윤리적 성숙 가능성을 놓치지 말자는 이야기입니다.

마치 남의 입 냄새에 불쾌해하는 내 모습보다 내 입 냄새에 불쾌함을 표현하지 않고 기다려 주었던 사람들의 배려처럼, 비난과 정죄와 심판을 넘어 교회가 교회되게 하는 일에 관심을 가져야 할 때입니다. 우리 스스로 은혜공동체의 구성원으로, 예수 이야기의 전달자로, 복음에 합당한 삶을 보여주어야 한다는 뜻입니다.

## 하나님은 교회를 끝내지 않으셨다

사실, 하우어워스에게서 교회됨의 실행 매뉴얼 내지는 교회자정의 방법론을 찾아보기는 쉽지 않습니다. 교회의 윤리적 자정의 문제와 연관 지어 생각해 볼 단초가 있기는 합니다.

학문적 주소를 찾아가자면, 공동체주의의 문제로부터 시작하면 되겠습니다. 아리스토텔레스의 정의관 중에서, '시정(是正)적 정의'를 생각해볼 필요가 있습니다. 공동체의 정의회복을 위하여, 공동체 내부에서 자체적으로 이루어진다는 특징이 있습니다.

이것을 응용하여, 하우어워스를 생각해 볼까요? 그가 교회됨을 말하는 것은 교회의 문제들을 몰라서가 아닙니다. 하우어워스에 따르면, 초대교회가 흠잡을 데 없이 완전한 교회였을 것이라고 생각하는 경우, 바울서신 중 고린도교회 부분을 읽어보면 그 생각을 바꾸게 될 것이라고 말합니다. 고린도교회는 분열되고 성적으로 타락했으며 이교도의 이단에 연루되기도 했지요. 오늘의 교회가 엉망진창이라고 생각된다면, 고린도교회의 예를 기억하면서 그 해법을 찾아볼 필요가 있겠습니다.

더구나 고린도교회를 향한 바울의 비판을 보면, 교회가 애틋하게 아름다운 공동체가 아닐 수 있다는 생각을 떨칠 수 없지요. 또한, 세상의 기준으로 유능한 자들만을 불러 모아서 교회가 되는 것은 아니라는 사실을 깨닫게 됩니다.

문제는 이것을 어떻게 해석할 것인가 하는 점입니다. 하우어워스는 교회의 도덕적 불완전성을 부각시키기보다 교회에 은혜가 필요하다는 점을 강조합니다. 그의 책 제목처럼, '십자가 앞에 깨지는 교회(cross-shattered church)'로서의 정체성이 필요하다는 뜻일 듯싶습니다.

문제는, 시정적 정의를 공동체 외부에서 접근하려는 관점이 많다는 사실입니다. 시정을 통한 자정이 필요한 것은 분명하지만, 공동체 내부에서 공동체적 가치의 회복을 위해 시행되어야 한다는 점은 매우 중요합니다. 바울이 공동체의 문제해결을 위해 세상 법에 호소하는 것 자체를 부정적으로 생각한 부분은 의의가 있습니다. 바울은 데살로니가교회를 향하여 '범사에 헤아려 좋은 것을 취하라'(살전5:21)라고 권하고, 고린도교회를 향하여 세상 법정에 소송하는 것을 꾸짖었던 부분에서도 이 원칙이 적용됩니다. 세상 법정에 가져갈 문제인지를 분별할 지혜가 교회에 필요하다는 취지였을 것입니다.

이러한 뜻에서, 공동체적 자정노력을 포기하지 않는 것이야말로 중요합니다. 교회 안에서, 교회의 회복을 위한 진지한 노력이 절실하다는 뜻이지요. 교회의 자정능력은 바닥이 나버렸다고 단정지어버린 채, 탈출구를 시민적 비판에서 찾는 것은 과연 교회다움에 속하는 것일까요?

사실, 세상이 원하는 교회, 시민이 기준이 되는 교회가 곧 주께서 원하시는 교회와 동일한 것은 아닙니다. 오히려 교회 안에서 자정을 위한 노력을 이어가는 것이 더 큰 용기와 신앙을 필요로 하는 것은 아닐까 싶네요. 하우어워스가 말한 것처럼, 예수께서 십자가에서 "다 이루었다"하신 것은 '끝났다'라는 뜻이 아닙니다. 하나님은 우리를, 교회를, '끝나지 않는 것'으로 만드셨습니다. 하우어워스는 말합니다.

많은 사람들은 교회가 쇠퇴해가고 있다고 생각하지만, 내가 보기에는 그렇지 않다. '교회'의 도덕적 실패를 다루는 주장들은 '교회'를 지나치게 제한된 의미에서 다루는 특징이 있다. 이를테면, 미국 개신교, '서방 기독교', 가톨릭 등으로 구분하여 다룬다. 교회란 그 어느 것에 제한된 것이 아니다. 교회는 하나님 나라의 증인으로서의 책무를 신실하게 수행하는 사람들의 모임이다. 사실, 교회에 대한 비판에는 매우 선택적인 요소들이 반영되어 있다. 많은 사람들은 남부의 교회를 비난하면서 인종주의에 대항할 예언자적 비판과 리더십을 제공하지 못했다고 말한다. 교회의 실패를 드러내려는 그들의 열심에서 간과된 것이 있다. 남부 백인들의 교회만이 그곳의 유일한 교회인 것은 아니다. 사실, 남부에서 교회가 실패한 것은 아니다. 예를 들어, 흑인 회중들은 다가올 투쟁에 충분히 대비할 사람을 키워내고자 인내심을 가지고 지속적으로 노력해 왔다. (⋯) 신학자들이 연구대상으로 삼는 교회는 지금이라는 시간에 제한되어서는 안 되며 역사의 과거와 미래를 오가는 폭넓은 것이어야 한다. (⋯) 하나님은 교회를 버리지 않으실 것이며 세대와 세대를 넘어 하나님 나라의 신실한 증인들을 지속적으로 보내주실 것이다.

## 교회됨, 그것만이 교회의 희망이다

'한국교회의 윤리적 현실'. 여러모로 생각해 보아야 할 이 야기임에 틀림없습니다. 하지만 너무 많은 이야기들이 제시 되고 있어서 그런지, 이제는 식상한 주제가 되어버린 것 같 은 느낌마저 듭니다. 여기저기, 학회나 세미나에서 이 주제 는 거의 빠지지 않는 단골메뉴가 된 지 오래입니다.

어떤 분들은 말합니다. 교회는 자정능력을 상실했기에 더 이상 윤리적 성숙을 기대할 수 없다고 말입니다. 시민적 비 판을 통해 투명하고 민주적인 교회로 개혁해가는 것만이 대 안이라는 의도에서 나온 말인 듯싶군요. 그분들의 주장대로 하자면, 시민사회를 사는 한국교회는 스스로의 힘으로 희망 을 말할 수 없게 됩니다. 시민의 이름으로 시민적 교회를 만 들어야 한다는 뜻이니까요.

하지만, 하우어워스는 다른 길을 찾습니다. 교회의 본질 을 회복하는 것이야말로 교회개혁의 지름길이라고 확신하 는 셈입니다. 종교개혁자들이 초대교회로 돌아가기를 희망 했던 것처럼, 은혜윤리 역시 성경적인 교회, 복음적인 공동 체, 복음 안에 새로워지는 그리스도인을 꿈꿉니다. 그 방법 론의 핵심에 은혜적 정체성에 대한 인식, 그리고 복음대로 사는 모습의 구현이라는 과제가 담겨 있다고 하겠습니다.

한 가지, 유의해야 할 것이 있다고 봅니다. 한국교회의 윤리적 현실, 그것은 시민에게 물어야 할 것이 아니라 우리들 신앙인 스스로에게 물어야 할 질문이라는 점 말입니다. 매스컴을 동원하거나 교회를 타깃으로 삼는 시민운동으로는 한계가 있기 때문입니다.

어쩌면, 윤리적 개선보다는 매스컴 대책만으로 문제를 봉합하려는 시도가 생겨날지도 모르는 일입니다. 그리고 우리들 자신이 시민이기도 하지만 무엇보다도 시민의 내러티브가 아닌, 예수 내러티브를 지닌 사람들이라는 점을 결코 놓쳐서는 안 되리라, 저는 그렇게 생각하고 있습니다.

복음적인 교회, 복음적인 그리스도인 되기, 그것이 최우선의 과제가 아닐까요? 저는 그렇게 해야 한다고 확신합니다. 더구나, 세상이 원하는 시민적 기준의 교회를 꿈꾸기보다는 오히려 복음을 진실하게 전하다가 세상과 시민의 핍박을 받아도 그 사명을 다하는 교회, 그런 교회가 되어야 하지 않을까요?

교회의 자정능력은 바닥이 나버렸다고 단정 짓기 전에, 교회의 희망을 버리지 말아야 합니다. 교회가 교회되는 날,

주께서 기뻐하실 교회의 참모습을 구현할 수 있을 것이라는 희망이 바로 그것입니다. 교회에는 긍휼의 복음이 주어져 있으며, 교회란 결국 은혜가 중심이 되는 공동체이기 때문입니다.

이 점에서, 은혜윤리는 비난과 정죄와 심판의 윤리를 넘어 긍휼의 윤리를 지향합니다. 우리의 신앙, 우리의 교회, 우리가 긍휼히 여기지 않으면 과연 누가 긍휼히 여겨 줄 수 있을까요?

**긍휼은 심판을 이기고(약2:13)**

**에필로그**

교회됨을 위한 은혜윤리

## 생각이 같은 사람을 만난다는 것

사람을 만나 대화하는 과정에서, 그와 일치하는 것을 발견해가는 것도 정말 좋은 일인 듯싶군요. 나와 같은 생각을 하는 사람이 있다는 놀라움과 행복감, 그리고 동지애 비슷한 것도 느끼게 되지요. 학문적으로, 신앙적으로 일치점을 찾을 수 있다는 것은 정말 중요하고, 때로는 성숙을 위한 활력소가 되기도 합니다.

생각해보면, 사랑하는 사람들 사이에도 처음에는 취향이나 사고방식 등에서 일치하는 것들이 있다는 점에서 호감이 깊어지기도 하지요. 하지만, 모든 면에서 내 생각과 일치하는 사람을 찾기란 쉽지 않지요. 처음에는 생각이 일치하는 것 같고 취향도 같은 듯싶고, 심지어 이런 사람이라면 일생을 같이해도 좋겠다는 생각이 들다가도 하나씩하나씩 일치하지 않는 구석이 있다는 점을 깨닫게 되곤 하지요.

특별히, 학문적으로 신앙적으로 일치하는 것이 많다는 생각에 기쁨을 누리다가도 이내 일치하지 않는 것들이 발견되면 멈칫거리게 마련인가 봅니다. 일치하지 않는 것이 일치하는 것보다 많지 않다면, 그리고 일치하는 것이 대부분이고 몇 군데에서 생각이 다르다면, 어떻게 해야 할까요? 제 생각에는 일치하는 것들에 더 큰 무게를 두어야 할 듯싶군요. 특히 일치하는 것들 중에서도 분명한 것들부터 함께 실천하려는 노력이 필요한 것 아닐까 싶습니다.

아시는 바와 같이, NICE(New-generation Institute of Church and Ethics, 새세대 교회윤리연구소)는 '교회로 교회되게 하는 윤리'를 추구합니다. 복음에 대한 신실함과 교회비판을 넘어 교회에 대한 긍휼을 강조하지요. 이것은 NICE의 '은혜윤리'가 추구하는 방향성이라고 할 수 있습니다.

특히 하우어워스의 관점과 일치 혹은 일맥상통하는 부분입니다. 무엇보다도, 기독교윤리의 책무가 교회로 교회되게 하는 것이라는 점에서, 교회비판을 넘어 교회로 교회되게 하는 윤리를 추구하는 NICE의 관점이 하우어워스와 많은 부분에서 일치하고 있었습니다.


## 하우어워스를 만나다

얼마 전, 듀크대학교(Duke University)를 방문할 수 있었습니다. 평소 NICE의 취지와 목표에 많은 부분 일치하는 생각을 가지고 있다고 여겨온 하우어워스 교수를 만나고 싶었기 때문입니다. 그분의 책, 'A Community of Character'를 번역하고 있던 차에 하나님께서 기회를 주셔서 노스캐롤라이나 더햄에 위치한 듀크대학을 찾아가 하우어워스 교수를 만날 수 있었습니다.

오래전에 이메일로 약속을 해두었기에 우리는 하우어워스 교수와 짧지 않은 이야기를 나누면서 여러 의견을 주고받을 수 있었습니다. 평소에 느꼈던 그대로, 하우어워스 교수는 교회에 대한 깊은 신뢰를 가지고 있었으며, 복음대로 사는 기독교인의 정체성과 덕의 윤리에 관한 깊은 통찰을 간직하고 있었습니다. 짧지 않은 시간, 의미있는 대화를 통해 많은 생각을 공유하고 있음을 확인할 수 있었습니다.

물론, NICE는 십자가의 정신을 '긍휼'이라고 생각하는 것에 비해 하우어워스는 '비폭력 평화'를 강조한다는 점에서 약간은 다른 모습이 있음을 발견하기도 했지만, 전반적으로 NICE와 하우어워스의 이번 만남은 듀크대학을 방문하기 이전에 가지고 있었던 기대를 사실로 확인해 주는 기회였습니다.

또 한편으로는, 세계적인 석학이기에 아시아인에 대한 보이지 않는 편견을 가지고 있지나 않을까, 한국교회에 대한 일그러진 이미지를 가지고 있지는 않을까 싶었지요. 하지만, 기우였습니다. 70세를 넘긴 노교수에게서는 배려와 이해, 그리고 친절이 느껴지더군요. 우리 이야기를 귀담아 들어주고 빠르지 않은 속도로 답해주는 부분에서도 노교수의 배려를 느낄 수 있었습니다. (*하우어워스는 듀크대학에서 은퇴 후, 현재 영국 에버딘 대학에서 가르치고 있다.)

우리는 하우어워스의 주장 대부분이 NICE의 관점과 일치하고 있음을 확인할 수 있었습니다. 노교수는 오히려 자신의 주장이 미국적 맥락을 배경으로 하는 것이기에 한국의 맥락에서 어떻게 적용할 것인가에 대한 고민이 필요할 것이라고 염려해주시더군요. 일치하지 않는 것은 맥락의 차이, 그것뿐이었습니다.

## 교회로 교회되게 하는 은혜윤리

하우어워스와 NICE 사이에 일치하는 것이 정말 많았습니다. 요점은 이것입니다. 기독교윤리는 교회의 윤리여야 하고 '교회로 교회되게 하는 윤리'여야 한다는 점 말입니다. 물론, 하우어워스가 말한 것처럼, 미국적 맥락에서 말하는 것과 다른 부분이 분명히 있을 겁니다. 그러나 복음에 충실한 사람이 되어야 한다는 점, 교회로 교회되게 해야 한다는 점은 분명한 공동의 관심사였습니다.

생각해보면, NICE가 추구하는 '은혜윤리'는 은혜만능주의에로의 회귀가 아니라 은혜중심주의에 입각하여 교회로 교회되게 하는 것이라는 점에서, 하우어워스와의 만남은 NICE의 윤리적 지향점을 더욱 분명하게 만들어 줄 것이라 기대됩니다. 지금까지 그랬던 것처럼, 앞으로 우리는 교회 비판을 넘어설 윤리적 대안의 모색에 최선을 다하고자 합니다. 교회로 교회되게 하는 윤리, 그것 말입니다.

다시 한 번 생각해 봅니다. 교회는 은혜의 공동체이며, 복음에 합당하게, 복음에 충실하게 살아가는 사람들을 키워내는 덕성의 훈련장이요, 은혜공동체입니다. 이런 의미에서, NICE는 교회에 대한 생각을 새롭게, 더 깊이있게 발전시켜 나아가고자 합니다. 복음에 충실한 덕스러운 기독교인을 세우고, 교회로 교회되게 하는 윤리를 세우기 위해서 말입니다.

  요즘처럼 교회가 안팎으로 시련을 겪고 비난으로 내어 몰릴 때, NICE는 교회에 대한 희망을 접어버리지 않고 은혜 중심의 교회윤리를 세우는 일에 최선을 다하고자 합니다. 복음대로 사는 윤리, 교회로 교회되게 하는 윤리, 그것이야말로 우리시대의 윤리적 과제가 아닐까 생각해 봅니다. 그런 뜻에서, 다시 한 번 굳게 다짐해 봅니다. '은혜윤리, 교회로 교회되게 하라!'


**긍휼은 심판을 이기고(약2:13)**